スマホからヒットを生み出す

TikTok活用大全

朝戸太將

GENTOSHA

はじめに

◆TikTok売れには、注釈が入る

誰でも簡単にできる「TikTok売れ」！　そんな売り文句を見かけることがあります。しかしそこには本来、こんな注釈が必要です。

※ただし、「TikTokを正しく活用した場合に限る。

本書ではこの、「正しくTikTokを活用する」ことで「効果を発揮する」ためのノウハウを、クリエイターエコノミーカンパニー「Natee（ナティ）」の目線でご紹介します。

Nateeは、クリエイター共創型のTikTokマーケティングで成長してきた企業です。

創業は２０１８年。２０１９年から営業組織を立ち上げ、営業開始から2年で「TikTok for Business Award 2020」のブロンズ賞を受賞しました。その理由は、TikTokというプラットフォーム自体の成長もさることながら、私たちが「TikTokを正しく使う」ための方法を模索してきたからかと考えています。

◆TikTokは、「個人を活かす」人間讃歌のプラットフォーム

TikTokの話に入る前に、Natee及び私自身についても紹介させてください。Nateeという社名は、natural（生来の）の接頭辞natにee（人たち）という接尾辞をつけた造語で、「ありのままの人たち」という意味です。Nateeでは「個性と才能が活きる社会をつくる」ために、個人を起点とするさまざまなビジネスを展開しています。

かくいう私も、Natee及びTikTokとの出会いによって変化したひとりでした。

Nateeを立ち上げる前の私は、「国立大を出て大手企業で営業職に従事している人」というタグに身を包み、ある程度安定した環境で挑戦することを楽しんでいるに過ぎ

ませんでした。もちろん大学・会社での生活も刺激的で、素晴らしいご縁と機会に恵まれていた一方で、自分の人生を真の意味で決断できている実感は薄く、心から勝負できる場所を模索していたように思います。代表の小島領剣が語る「個性」への思い入れや、人生をかけて個性で勝負しているクリエイターの存在、並びに個性を活かす環境としてのTikTokに出会ったことで、「自分で人生を決断し個性を活かそうとする人を支えたい」と心から思えるようになりました。

そこまで心酔させられたTikTokの本質と活用方法を紹介するために、今回書籍を出版するに至った次第です。

TikTokと聞くと、若者がダンスをしている「一見チャラチャラしたプラットフォーム」と思われるかもしれません。しかしその実態は大きく異なります。TikTok及びTikTokを活用したマーケティングは、企業やクリエイターの〝らしさ〟、もしくは意図的な〝らしくなさ〟の視点が重要な、企業や人の個性が活かされるフィールドになっているからです。それはまるで、私の大好きな映画『グレイテスト・ショーマン』に内包された、〝人間讃歌〟のように私の目には映りました。

企業ならその企業らしさ、人ならその人らしさが起点になる。TikTokを活用したマーケティングは、そんな人間臭さに満ちています。そしてそれこそが、TikTokマーケティングの最大の面白さであり、魅力だと考えています。

◆ TikTokが火付け役となった「ショートムービーブーム」

TikTokは「ショートムービープラットフォーム」と表現されます。生活の中で周囲を見渡すと、現代は「ショートムービープラットフォーム」の戦国時代。YouTubeのShortsやInstagramのReelsなど、さまざまなプラットフォームでショートムービーを見かける機会が増えていることを、皆さんも感じているのではないでしょうか。その火付け役こそ、TikTokなのです。

では、なぜユーザーは、ショートムービーを求めるのでしょうか。

そこにはテクノロジーの変化がもたらした現代の「情報〝過多〟社会」が大きく影

響していると私は考えています。人が処理できる情報量は変わらないのに、情報量は増える一方。その中で、短い時間で深く理解できるコンテンツの価値が高まり、通信技術の革新（4Gから5G）という流れも相まってショートムービーのニーズも自然と高まったと私は見ています。

◆TikTokの最大の特徴は「レコメンドシステム」

群雄割拠するショートムービープラットフォームの中でも、TikTokが持つポテンシャルの高さは（後述しますが）計り知れないものがあります。しかしそのチカラを広告効果につなげることは、決して簡単ではありません。

鍵を握るのは、無名の一般人（企業）すらも一夜にしてスターへと変える「レコメンドシステム」です。TikTok理解の第一歩は、このレコメンドシステムを知ることからと言っても過言ではありません。

本書では、TikTokの〝何が〟他のプラットフォームと違うのか、バズを生み出す

〝パワーの源〟を知り、それをいかにマーケティングに活用できるのかを、事例を交えて解説していきます。

◆今日からTikTokを正しく知り、正しく活用する

この本を手に取ってくださる方は、「TikTokマーケティング未経験者の方が多いのではないでしょうか。きっとワクワクしてもらえるような、新しいマーケティングの世界がそこには待っています。

「若者に人気のダンス動画のプラットフォーム」という評価は、もはやひと昔前のものです。過去ではなく、一緒に未来に目を向けましょう。

あらためて、今日からTikTokを正しく知り、正しく活用していきましょう！

TikTok活用大全　目次

第2章 TikTok売れをデザインする——おすすめ視聴の魔法

第3章 TikTok×クリエイターで課題を解決する

事例で学ぶ

メイベリン ニューヨーク×Natee
否定からは何も生まれない。チャレンジスピリット

第4章 TikTok広告で課題を解決する

事例で学ぶ

第5章

TikTokアカウントの運用（自社発信）で課題を解決する

事例で学ぶ

スシロー×Natee

千里の道も一歩から。スシローに学ぶ、企業アカウントでバズる方法

第6章 クリエイターに聞く、TikTok×広告、成功のポイント

Natee×きなこつこ

冒頭1秒2秒が命。いかに自分ゴトにしてもらうかがポイント

Natee×「伊吹とよへ」伊吹

バズ動画は生み出すポイントはあっても、正解はない

Natee×ほのぴす
嘘をついたら、それで終わり

装幀　石川直美（カメガイ デザイン オフィス）
DTP　美創
編集協力　赤坂匡介

第1章

TikTokはなぜいま、注目されているのか――

スマホ全画面×レコメンドシステムのポテンシャル

◆時代はなぜ、「TikTok」を求めたのか？

TikTokは、短尺の動画作成／投稿が可能な「ショートムービープラットフォーム」です。

ではなぜ、現代ユーザーは、縦型のショートムービーを求めるのか。そしてなぜ、TikTokに魅了されているのか。その背景を知ると、TikTokが偶然ではなく、流行るべくして流行ったプラットフォームであることがわかるはずです。

ご存じのように、iPhone（スマートフォン。以下、スマホ）の登場は、私たちのビジネスや生活スタイルを一変させました。その中で、注目されるＳＮＳやデジタルプラットフォームも移り変わっています。Twitter、Instagram、そして現在はTikTok。Twitterはテキスト、Instagramは画像、TikTokは動画のプラットフォームです。このように、メディアの情報量は、時代とともに拡大しています。

その背景にあるのは、通信規格のバージョンアップです。Twitterが誕生した２００６年は「３Ｇ」、Instagramがリリースされた２０１０年は「ＬＴＥ」、そして

TikTokが産声をあげた２０１６年は「４Ｇ」、さらに２０２０年代には「５Ｇ」の発展と、注目されるＳＮＳ・デジタルプラットフォームの変遷は通信インフラと深い関係があるのです。

それもそのはず。２００６年の「３Ｇ」時代は、動画を見るのもアップロードするのも容易ではなく、もし当時TikTokがあっても、待ち時間の長さにイライラするだけ。誰もやらないですよね。

◆デバイスに最適化された、縦型動画

スマホのある生活は、私たちにとって〝当たり前〟になりました。電話もメールもアプリもこれ一台。その便利さに慣れてくると、ちょっとしたことが面倒に思えてきます。たとえば、縦に持っているスマホを横向きにすること。こんな小さな手間がユーザー体験（ＵＸ）を妨げるようになるのです。

つまり、多くの人がスマホを「縦」で使用している以上、そのままの状態で利用で

きる方がユーザビリティは高いことになります。その点で、縦型動画のプラットフォームであるTikTokは、生活者のデバイスに最適化されていると言えます。

◆TikTokはレコメンドシステムが特徴のアプリ

TikTokのユーザー体験が良質であることは、多くのユーザーが夢中になっていることからも明らかでしょう。その秘密は、TikTokのレコメンドシステムに大きく関係しています。

日々コンテンツに触れるとき、ほとんどの人は増え続けるコンテンツを受動的に受け取っています。検索をして、何を見るか「選ぶ」という行為は楽しい一方で、選択肢が増えすぎるとときにストレスを感じるのではないでしょうか。

TikTokはレコメンドシステムによって、「検索して選ぶ」ことなく、スワイプするだけで、どんどん自分好みの動画が出てくるようにパーソナライズされています。

「人がコンテンツを選ぶ時代」から「コンテンツが人を選ぶ時代」への変化を体現し

ているアプリとなっているのです。

◆中毒性がある、レコメンドを見続けるという視聴体験

私は、この体験は、日曜日の昼下がりにテレビを見ているときに似ているのではと考えています。リモコンを押せば、何かが流れてきて、あとはチャンネルを回して、自分好みのものをだらだら視聴する。ここでも、テレビを見るときには「チャンネルの選択」が必要ですが、TikTokでは不要です。

アプリを起動したら、あとはスワイプするだけで自分好みの動画が再生される。ユーザーは「選択」することなく、ひたすら「レコメンド」を見続ける。おすすめによる視聴体験は、想像以上に「楽」なのです。だから気がつくと、あっという間に時間が経過している。この中毒性こそが世界中でユーザーを熱狂させている要因とも言えるでしょう。

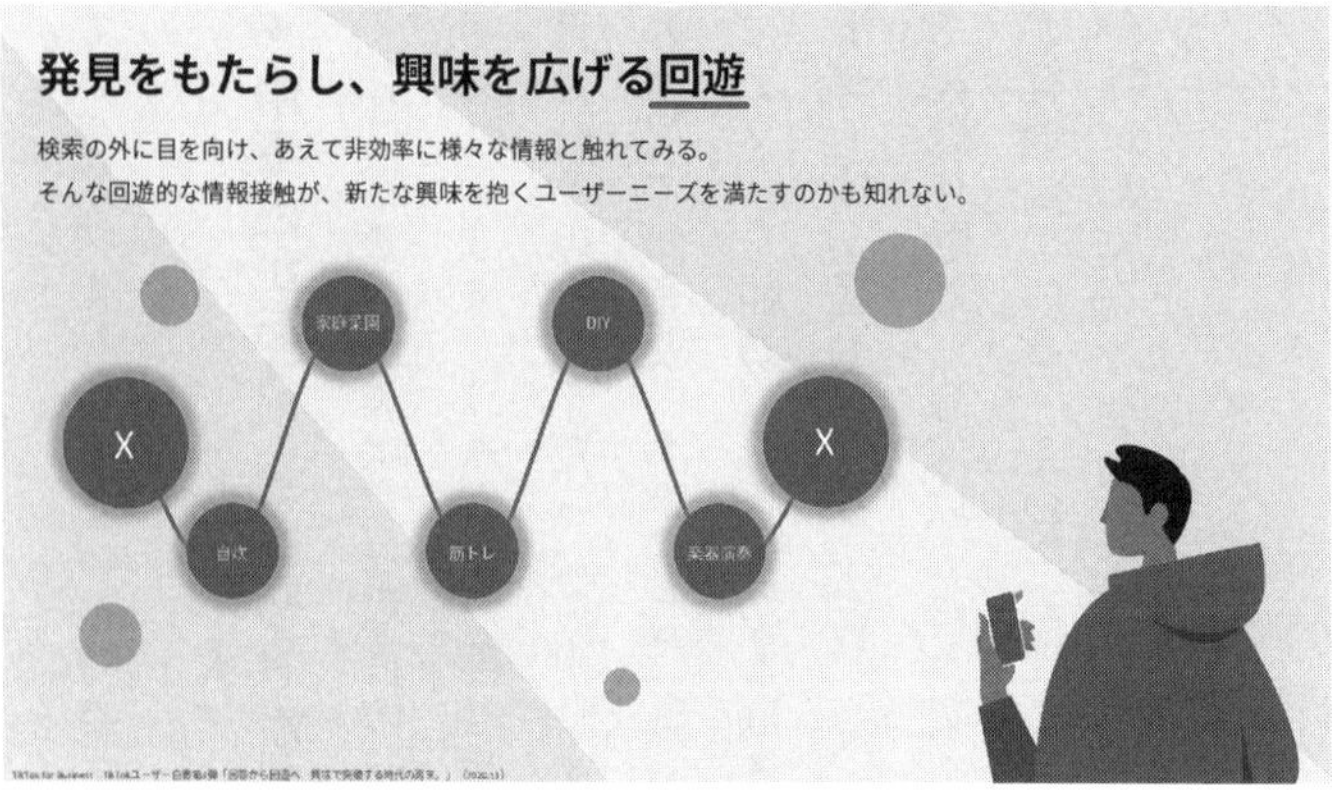

TikTokユーザーは、検索して正解を求める「回答」ではなく、出会いや発見を求める「回遊」型の視聴体験を楽しんでいる　画像出典：TikTok for Business「TikTokユーザー白書（2020.11）」

◆高精度のレコメンドシステムを生み出した、「バイトダンス」

そんなユーザーを虜にするアプリ「TikTok」を生み出したのが、２０２１年に市場評価額40兆円（３５３０億米ドル）に到達した企業「バイトダンス」です（出典：Hurun Research Institute〔胡潤研究院〕ユニコーンランキングリスト２０２１・12・20）。同社は「機械学習」と呼ばれる分野を得意としています。

昨今、「機械学習」の活用はさまざまな分野に広がっています。その名の通り、データを蓄積・分析し、〝学習〟していきます。TikTokにおいては、ユーザーの視聴した動画やアクション、検索状況などのデータを蓄積・分析し、ユーザーの好みを学習することで、精度の高い「レコメンド」を実現しています。さらに使えば使うほど、最適化されていくというのも、中毒性を生み出す要因と言えるでしょう。

この精度の高さは機械学習の技術の高さによるものであり、バイトダンスの開発力の高さを物語っています。

◆開発技術だけでなく、設計能力も高い

前述した「開発力」もそうですが、ショートムービープラットフォームにすることで視聴の気軽さを生み出している点など、TikTokの設計力の高さはさまざまな点に表れています。「ショートムービー」のプラットフォームにしたことで、視聴する側は、見る／見ないの判断がしやすく、同時に投稿側のハードルを下げる効果も生み出しています。

加えて、投稿側のハードルを下げている「動画編集の容易さ」も特筆すべき点です。

直感的な操作で、誰でも簡単に、高品質の動画を作成できます。そして「動画加工」も容易で、小顔にできたり、足を長く見せられたりするなど、簡単に〝かわいい〟を作りやすい（盛れる）のもZ世代のユーザーを中心に支持されている点のひとつです。個人的には「見やすさ」以上に、「投稿しやすさ」にTikTokの技術力を感じています。

もしかすると、TikTok＝ダンス動画というイメージをお持ちの方もいるかもしれませんが、それはひと昔前のこと。いまでは、メイクやグルメ、意外なところではニュースなど、バリエーション豊富なコンテンツが存在します。

◆スマホ世代の若者を熱狂させる「TikTok」

日本では昔から「渋谷の女子高生から流行が生まれる」と言われますが、デジタルプラットフォームも同様、現在も10代または20代前半のユーザーに流行ったものがその上の年代に広がっていくという流れで浸透しています。思い起こせば、日本で最初に爆発的に流行したSNS「mixi（ミクシィ）」をはじめ、Twitter や Instagram も若

TikTokの特徴：スマホ世代が熱狂するショートムービープラットフォーム

スマホ世代のユーザーが多い

MAU2000万人の動画プラットフォーム
実はスマホユーザーの1/4近くが使っている

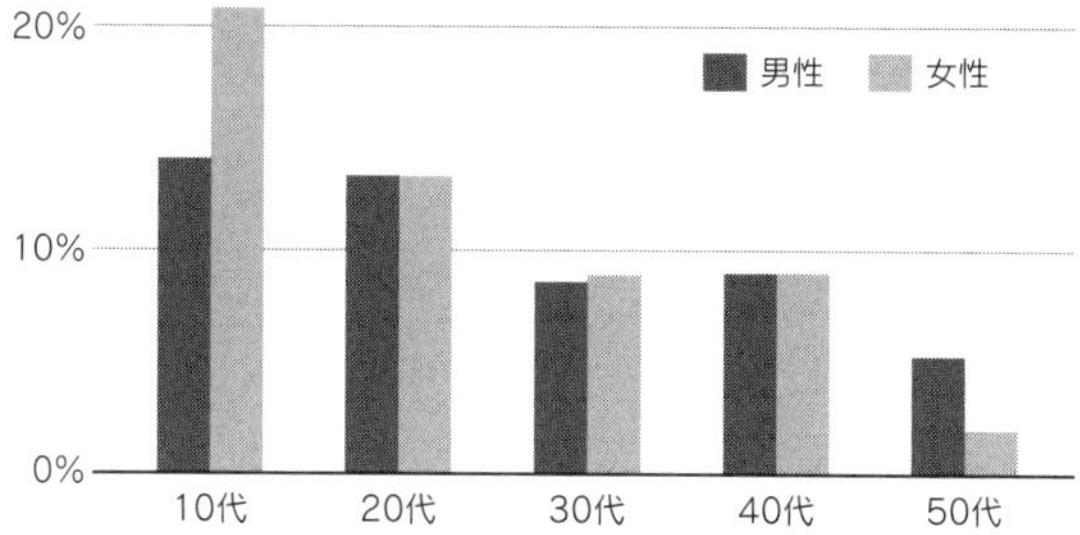

直感的・行動的なユーザー

TikTokには行動を伴うユーザーが集まり、
他SNSに比べてポジティブな反応が多い

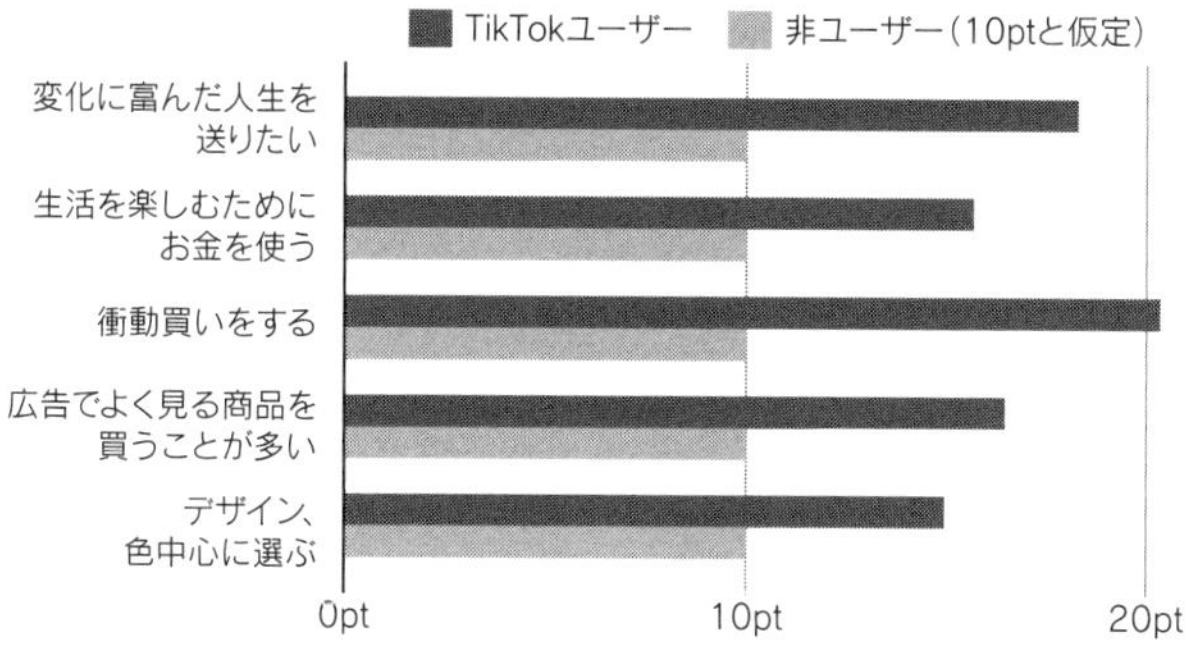

TikTokは、スマホ世代のユーザーが多く、かつ行動的なユーザーが多いことも特徴のひとつ（自社調べ）

年層から広がっていきました。

昔もいまも、若い世代は先入観がなく、「まずは使ってみよう」という好奇心が他の世代より強い傾向にあります。そして若者が夢中になる姿を見て、大人たちが興味を持って使い始める。TikTokに関しては、まさにいま30代以上の「大人」が使い始めたフェーズにあります。

◆若者を中心に、月間アクティブユーザー10億人を超えるTikTok

2021年9月、TikTokは月間アクティブユーザーの世界総数が10億人を突破したことを発表しました。ユーザー数は4年間で実に18倍以上も伸びており、これはInstagramの成長スピードの2倍で、異例の快挙と言えます（出典：Forbes JAPAN 2021・9・28）。そして現在もそのユーザー数は増加し続けていると考えられます。その背景にあるのは、ユーザーインサイトを正確に捉えた、「レコメンドシステムの快適性」に他ならないでしょう。

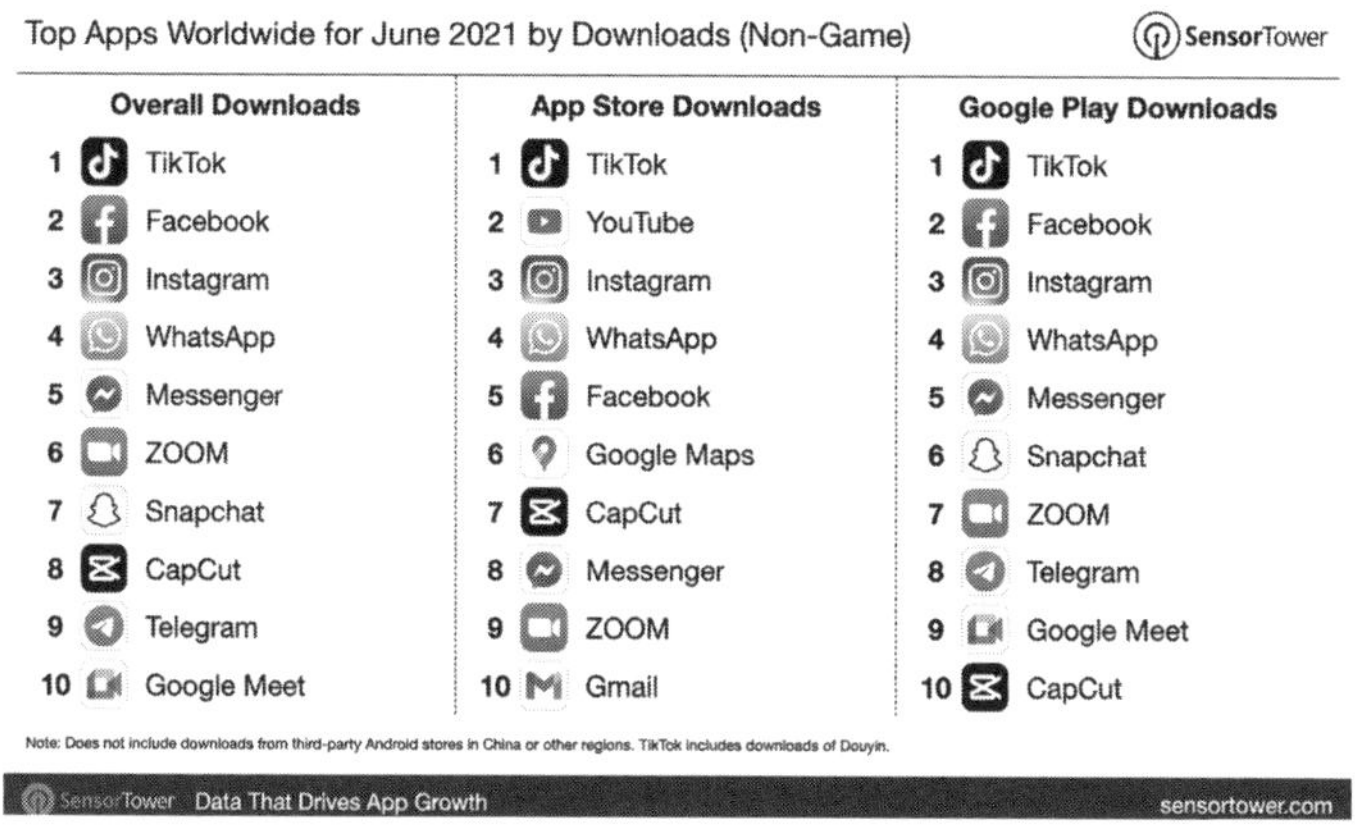

TikTokのアプリダウンロード数は、2020年10月に「世界一」を獲得。累計のインストール回数は20億回を超えている　画像出典:Sensor Tower「Top Apps Worldwide for June 2021 by Downloads(2021.7)」

ちなみに、国際連合広報センターによれば、2022年11月15日に世界の人口は80億人に達する見込みです。単純計算で、世界中で8人に1人がTikTokのアクティブユーザーということになります。ちなみに日本以外でも世界中でTikTokはムーブメントを巻き起こしています。

◆日本の月間アクティブユーザー数は２０００万人！国内ＳＮＳ・デジタルプラットフォームトップの利用時間！

日本の16歳以上の月間アクティブユーザー数（ＭＡＵ）は、２０００万人（２０２１年8月時点）。うち半数以上が10代です。２０２０年の時点で、Twitter、ＬＩＮＥを抜き、TikTokは国内ＳＮＳ・デジタルプラットフォームの中で利用時間トップになっています。

1日の平均視聴時間が61分と長いのは、TikTokの「おすすめ視聴」体験の魅力によるものと考えていいでしょう。

◆TikTokと他プラットフォームとの違いは「拡散性」

TikTokと他プラットフォームの最大の違いは、機械学習にもとづいたレコメンドシステム（おすすめ視聴）にあります。たとえフォローしていても、ユーザーとの親和性が低いとシステムが判断すれば、投稿した動画が表示されないこともあるという

各トップデジタルプラットフォームの
ユーザーあたりの平均月間消費時間　2020年

**Twitter／LINEを抜きTikTokの利用時間が1位に。
前年度からの成長率も群を抜いている**

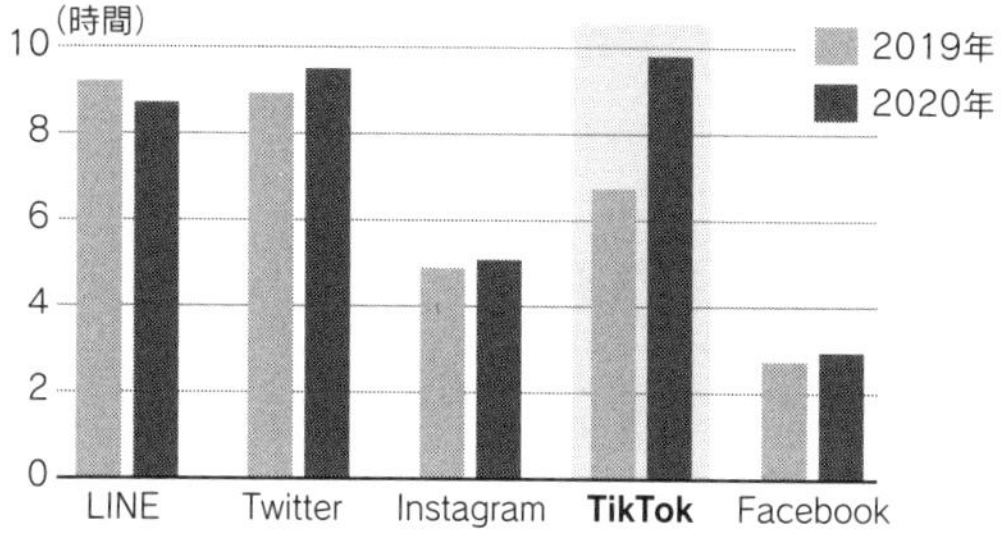

出典：APP ANNIE「モバイル市場年鑑 2021」24ページ

2019年、2020年におけるユーザーあたりの平均月間消費時間。1年間で大きな伸びを見せたTikTokがトップになった

だから、フルアテンションで視聴されている

※主要PF4社比

音声ON視聴する人
×1.66

全画面視聴する人
×1.88

画面に集中して見ている人
×1.18

「コンテンツの長さや量がちょうど良い」と感じる人
×1.78

（いずれも、主要プラットフォーム平均を100とした場合）

TikTokは、他のプラットフォームよりもおよそ1.7倍、音声ONの視聴が多く、目と耳で楽しむメディアとしてユーザーに親しまれていることがわかる　出典：TikTok for Business「TikTok MediaGuide 2023 Q1」

再生数の推移

ほぼすべての動画が、初動200〜500回は再生され、
エンゲージメントが高いと、1,000→1万→5万と再生数が伸びる

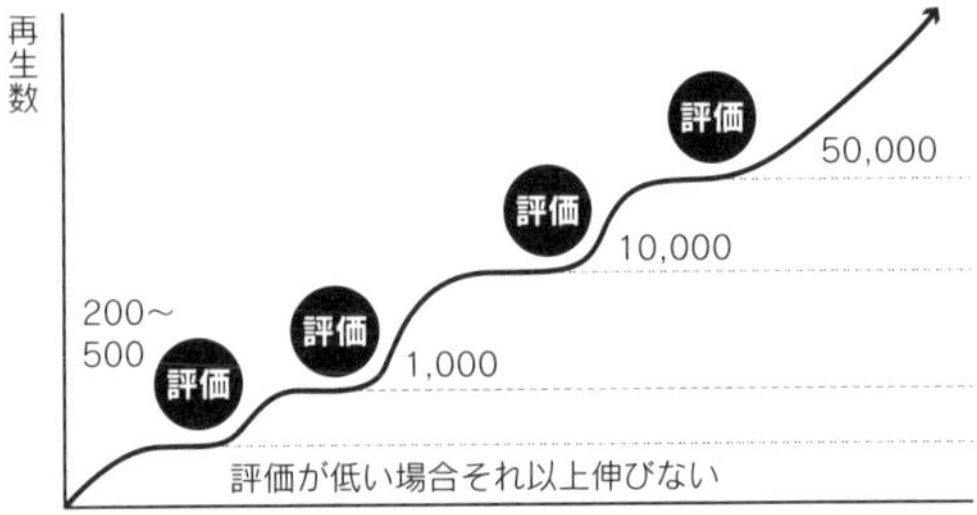

レコメンド起点のTikTokでは、ほぼすべての動画が初動で200〜500回再生される。視聴ユーザーの反応が良好であれば、レコメンドシステムが「いい動画」と判断し、おすすめフィード経由でさらに再生数が伸びる仕組みになっている（自社調べ）

徹底ぶりです。あくまで表示されるのは、「ユーザーが興味のありそうなコンテンツ」だけです。

TikTokはレコメンドが主体になっているため、情報の拡散性も他プラットフォームとは異なります。

Instagramは「フォロワー型」。情報が届くのは、基本的にはフォロワーのみです。Twitterは「ネットワーク型」。リツイートによって、ユーザーからユーザーへと情報が拡散します。

TikTokは「ループ型」。繰り返しとなりますが、機械学習にもとづいたレコメ

拡散性

TikTokは視聴行為のみで、
アカウントのフォロワー数によらずに不特定多数にリーチできる

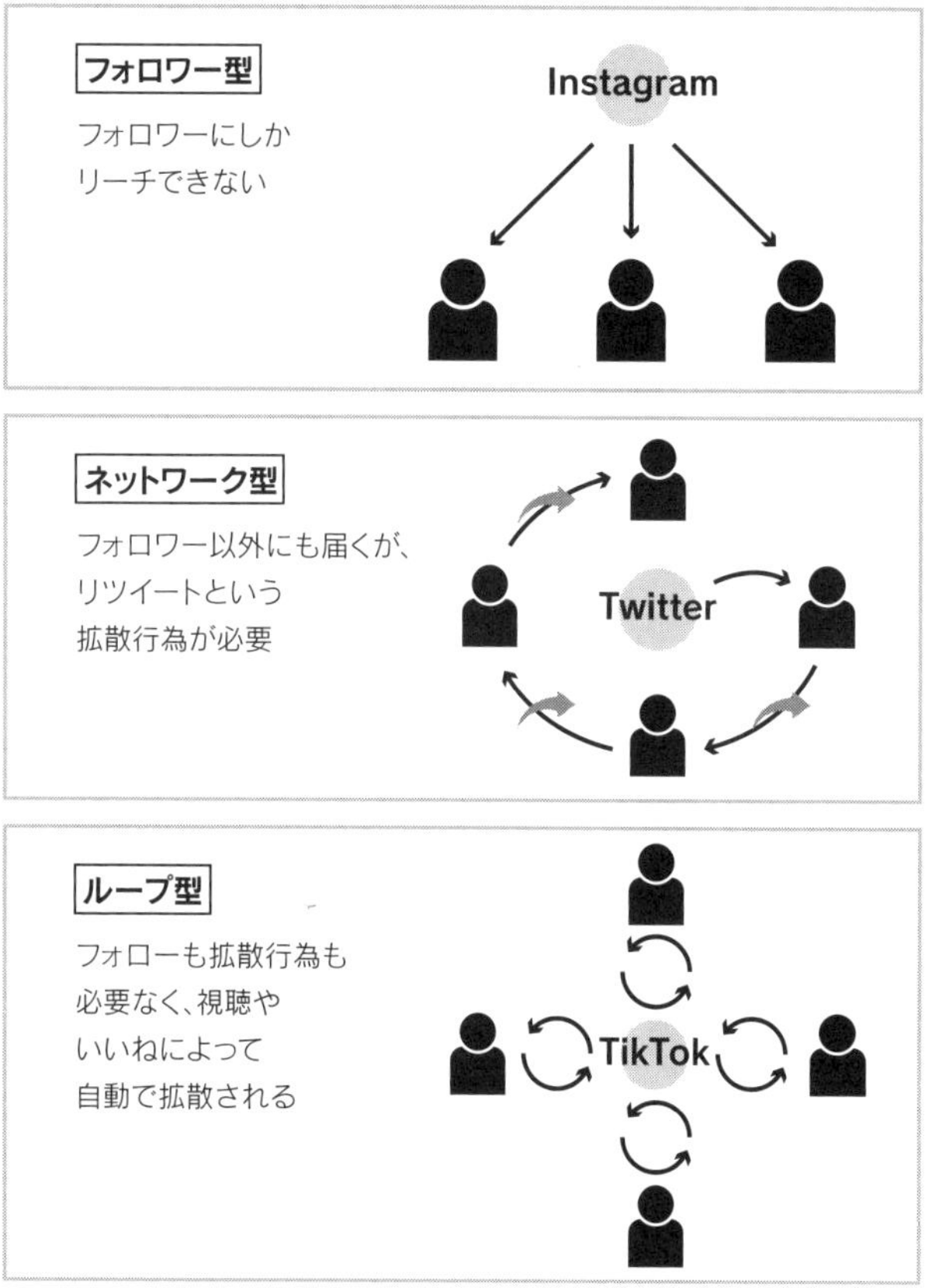

TikTokはおすすめ視聴が基本のため、フォロワー数に左右されずに、コンテンツ次第で、想像以上の情報拡散を期待できる（自社調べ）

ンドのため、フォローもリツイートも関係なく、視聴数やアクション数などによって、自動で情報が拡散されます。そのためフォロワー数と無関係に、１００万回再生を超える動画が生まれることも日常茶飯事です。

◆TikTokと他プラットフォームの特性の違い

もう少しTikTokと他プラットフォームの違いについてご説明しましょう（あくまで筆者の私見です）。

TikTok同様、動画のプラットフォームであるYouTubeは、情報バラエティ番組のようなコンテンツが多く、情報理解に強みがあります。テレビとの違いは、多くのチャンネルで出演者がひとり、または1組で、1対1の関係で情報を発信しているところでしょう。「私」と「あなた」の関係性で展開されるコンテンツは、ファンとのエンゲージメントを高めるうえでも有効です。

画像のプラットフォームであるInstagramは、ファッション誌。ファッションやコスメとの親和性が高く、雑誌感覚で見ているユーザーも多いのではないでしょうか。「インスタ映え」という言葉に表されるようにおしゃれ感が強い投稿が好まれる傾向にあります。

テキストのプラットフォームであるTwitterは、週刊誌。エンタメ性とリアルタイム性が強みで、時代の〝いま〟がタイムラインに反映されていますよね。

そして最後にTikTokは、スマホ版のCM。短時間で、エンタメを中心に、多種多様なコンテンツを楽しめるプラットフォームは、おすすめ視聴が基本のため、他プラットフォームよりも「新しい出会い」と「発見」が多いのが特徴のひとつです。タイムラインに知らない人の投稿が出てくるのが当たり前。新しい偶然の出会いを生み出しやすいことが特徴です。

◆TikTokが「広告好感度」ナンバーワンの理由

TikTokでは、さまざまなユーザーの投稿動画に交じって、広告動画も表示されます。

YouTubeのような強制視聴ではなく、ユーザーは任意でスキップすることも可能です。他のSNSやプラットフォームと違って、自然な形で広告が出てくるため、視聴者はそれがレコメンドなのか広告なのかを意識することもなく視聴しているケースが多い傾向にあります。そのため、広告も面白ければ、最後まで視聴されるわけです。

これもTikTokのユーザー体験設計の巧みさのひとつですが、「入り口で広告と気づかれない」という仕様は、TikTokユーザーの広告の受容性にも大きな影響を与えています。

2021年9月、コンサルタント会社Kantarが発表した「広告好意度ランキング」では、TikTokが他プラットフォームを抑えて1位を獲得しています。

その背景にあるのが「広告をスキップできる」というユーザビリティの高さや、「興味ないジャンルでも飛ばさずに見てしまう」というレコメンド主体のユーザー体験設計であり、結果、「広告動画はつい最後まで見てしまう」という回答が他プラットフォームのおよそ1・4倍と、非常に高い広告の受容性を生み出しています。

広告の受容性

広告がエンタメとして受け入れられ、
ユーザーの関心度が非常に高い状態で視聴が行われている

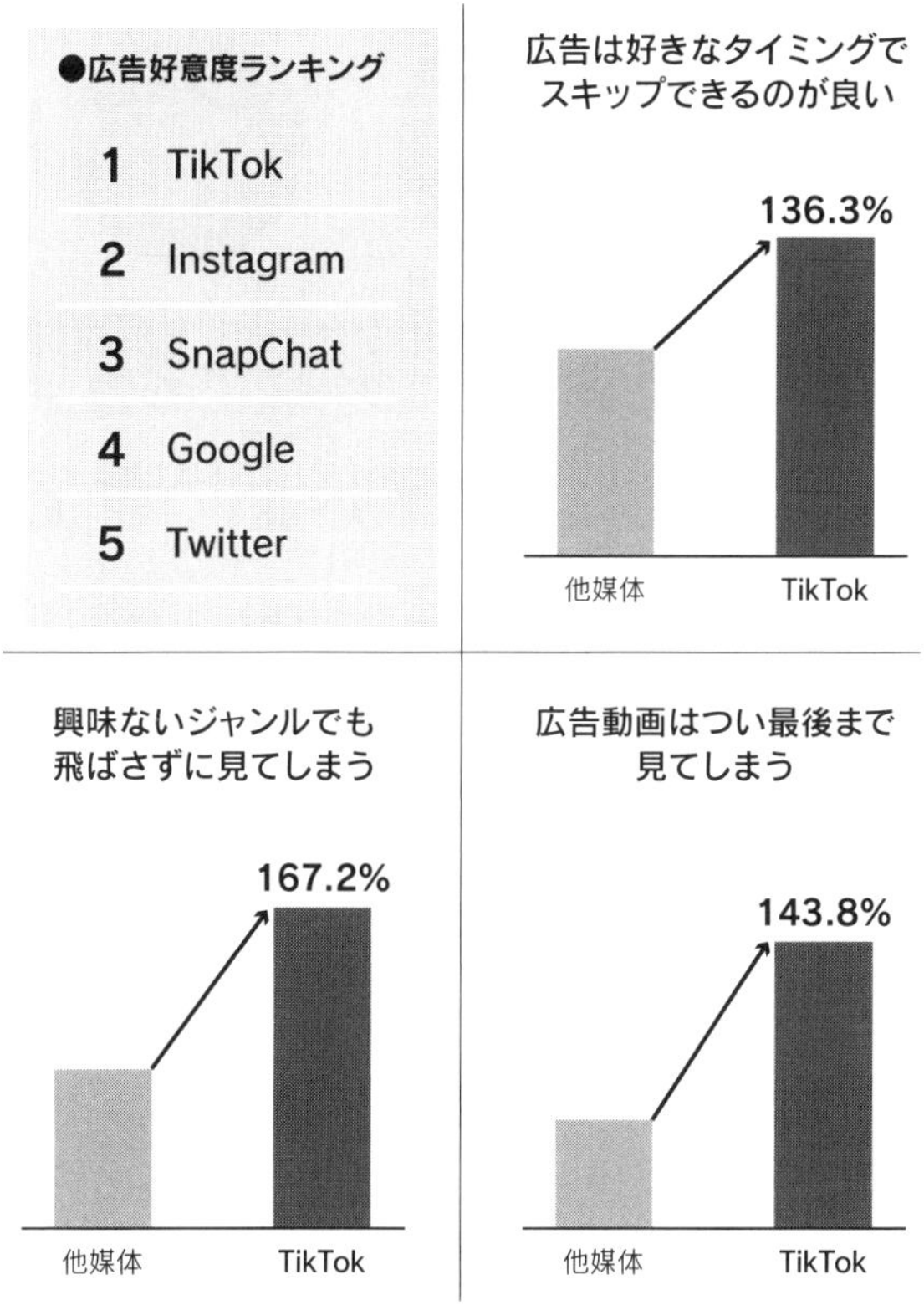

TikTokのユーザー体験設計の巧みさは、広告の受容性の高さにもつながっている
出典:Revealed: the top-ranking media channels and brands in 2021–KANTAR

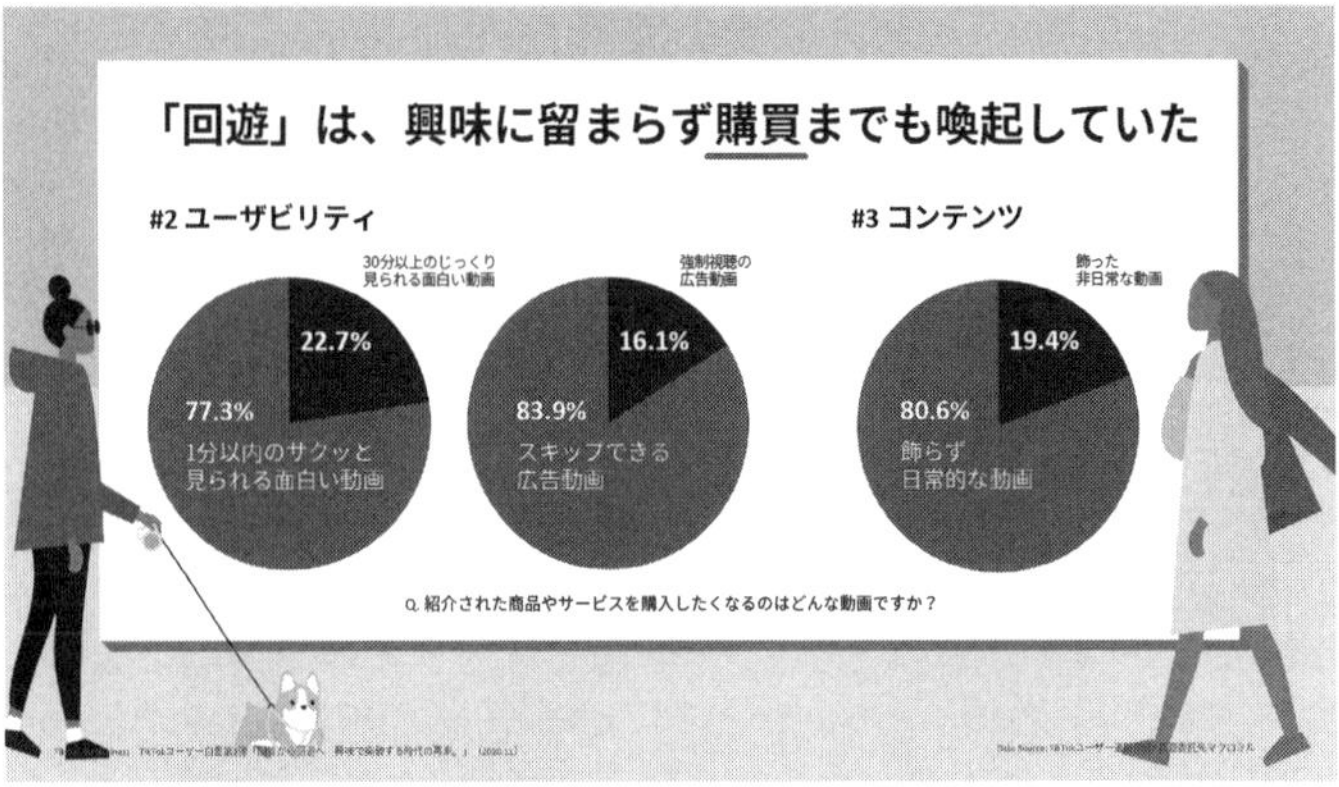

「Q.紹介された商品やサービスを購入したくなるのはどんな動画ですか？」に対する回答。この結果からもTikTokと広告の親和性の高さがわかる　画像出典：TikTok for Business「TikTokユーザー白書(2020.11)」

◆伸長し続ける動画広告費、ソーシャル広告費

新型コロナウイルス感染症の流行によって、ライフスタイルもマーケティングも、一気にデジタルシフトが進みました。いまTikTokが注目される理由のひとつには、デジタル上でのユーザーとのコミュニケーションの重要性が高まっていることが挙げられます。しかしコロナ前から、広告業界におけるデジタルシフトは顕著でした。

電通が毎年発表している「日本の広告費」。2019年（発表は2020年）、インターネット広告費が、テレビメディア広

告費を上回り、初めて２兆円を超えたことが大きなニュースとなりました。その後もインターネット広告費は伸長し続け、２０２１年（発表は２０２２年）には２兆７０５２億円となっています。

インターネット広告媒体費の広告種別構成比を見ると、特に大きな伸びを見せているのが、「動画広告」の分野です。２０２０年と比較して、２０２１年は１３２・８％の伸長を見せ、初めて５０００億円を突破したことが話題となりました。

さらにソーシャル広告費も前年比１３４・３％の７６４０億円と大きく伸長しており、動画×ソーシャルによるユーザーとのコミュニケーションは、今後も拡大していくことが予想されます。

そしてこの「動画」と「ソーシャル」という２つのキーワードは、そのままTikTokにあてはまるものです。つまり、現時点でさえ、TikTokを無視することは、時代を無視することなのです。近い将来、「やらないなんてもったいない」と言われるフェーズから、「やって当たり前」と言われる時代が訪れると私は考えています。

インターネット広告媒体費の広告種別構成比

※(　)内は、インターネット広告媒体費に占める構成比

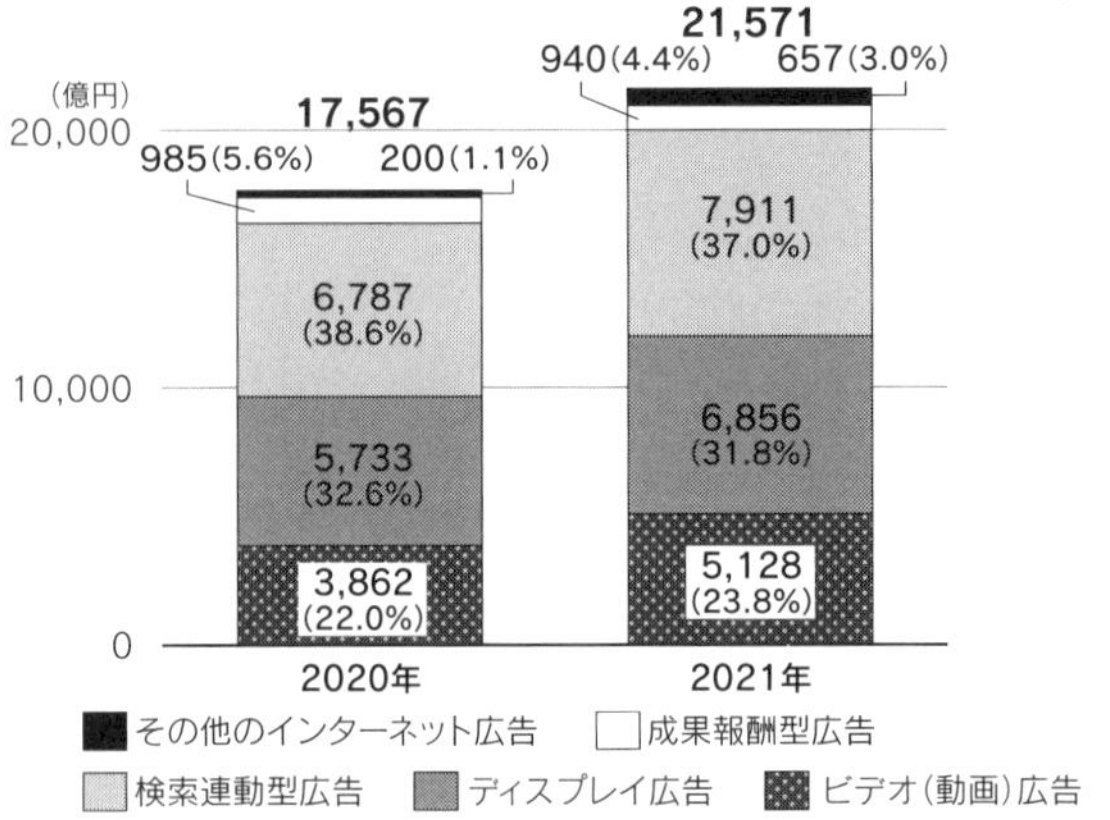

＊2020年、2021年で定義が異なるため参考値
＊2020年まで「ディスプレイ広告」に含まれていたタイアップ広告は、2021年は「その他のインターネット広告」に含む

2020年の動画広告費は、3,862億円。2021年は、5,128億円と大きな伸びを見せた　出典:電通「2021 日本の広告費」

ソーシャル広告構成比推移

※(　)内は、インターネット広告媒体費に占める構成比

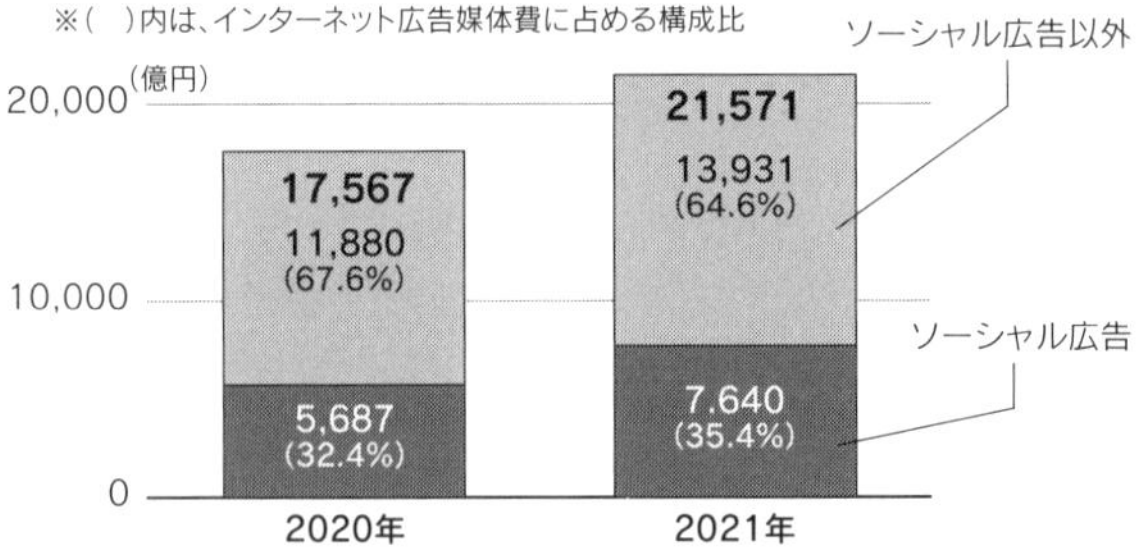

2020年のソーシャル広告費は、5,687億円。2021年は、7,640億円と大きな伸びを見せた　出典:電通「2021 日本の広告費」

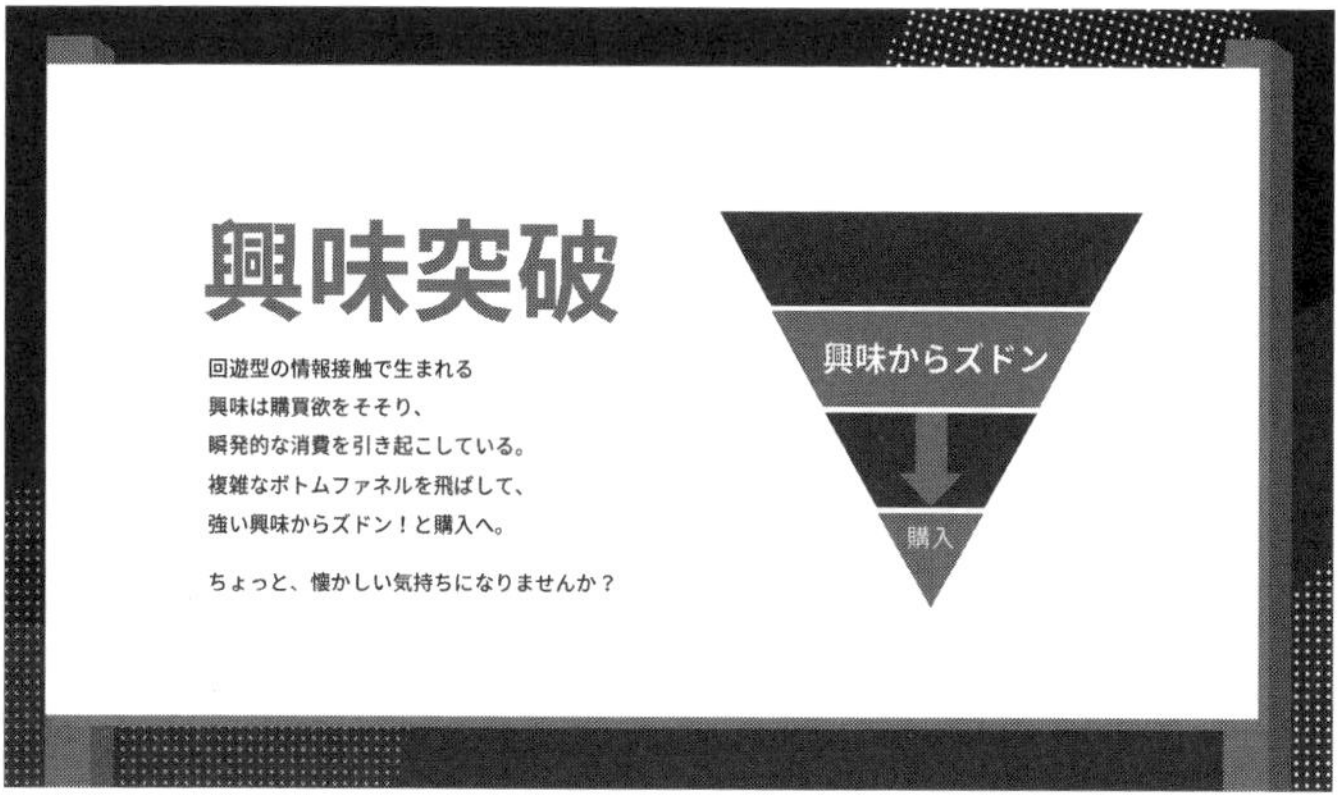

TikTokの持つ特性によって、興味から購入につなげるなど、「興味突破」による課題解決が実現できる　画像出典：TikTok for Business「TikTokユーザー白書(2020.11)」

◆興味から購入につなげるプラットフォームとなった「TikTok」

それから4年、現在ではTikTokは「興味（喚起）」という強みを武器に、購入まで促す「TikTok売れ」を実現するプラットフォームとなりました。むしろ、モノを売るだけでなく、「興味」を起点に課題解決できるプラットフォームとなったと捉えるべきだと私は考えています。

では、動画コンテンツによって企業の抱える課題を「興味突破」するためには、どうすればいいのか。次の章で詳しく解説します。

第2章

TikTok売れをデザインする——おすすめ視聴の魔法

◆TikTok売れのルーツは「音楽」

２０２１年11月に発売された「日経トレンディ２０２１年12月号」の「２０２１年ヒット商品ベスト30」特集にて、１位に輝いた「TikTok売れ」。「若年層がダンスをしているプラットフォーム」と思われていたTikTokが急成長を遂げ、動画で消費を動かすに至っていたことがマーケティング関係者の間で大きな話題となりました。

モノが売れる「TikTok売れ」。その前に起きていたのが、TikTok発のヒット曲の誕生です。２０２０年に紅白にも出場した瑛人さんの『香水』は、TikTokがきっかけのヒット曲であることをご存じの方は多いのではないでしょうか。他にも、優里さんの『ドライフラワー』や川崎鷹也さんの『魔法の絨毯』、ＹＯＡＳＯＢＩさんの『夜に駆ける』など、TikTokをきっかけに音楽チャートを賑わせた楽曲が数多く生まれています。

◆TikTok発のヒット曲を生み出した、TikTokのレコメンドシステム

第1章でもご説明した通り、TikTokはレコメンドシステムによる「おすすめ」を楽しむプラットフォームです。フォローしているかどうかではなく、いま話題となっている動画や自分に合う動画が目に飛び込んでくる。そして、そのレコメンドシステムによって、凄まじい勢いで拡散する。まさにTikTok for Businessが「『TikTok売れ』——潜在顧客を捕まえる——（2022・2）」にて形容する「おすすめ視聴の魔法」によって、TikTok発のヒット曲は誕生したと言えます。

では、いかに「おすすめ」されるか。そこに「TikTok売れ」のヒントも隠されています。

◆ミームが牽引する「TikTok売れ」

TikTok経由のヒットは、ユーザー同士が真似をして広がる「ミーム現象」から生まれることが多いです。TikTokでは、誰かが投稿した動画を模倣して広がることが日常茶飯事のように起こっています。これはTikTokが持つ拡散性の高さ・簡便な動画制作機能・TikTok内文化がもたらした結果ですが、ユーザー起点で爆発的に情報が広がることで多くの流行が生まれています。

これまでの動画制作においては、プロが多額の投資のもとで作り上げる「ＰＧＣ(Professional Generated Contents)」が主流でした。テレビコンテンツやＣＭ、ＶＯＤが最たる例ですが、たとえばNetflixでは年間２兆円という莫大な金額がコンテンツ制作に投入されています。そのクオリティの高さは、言わずもがなでしょう。Netflixオリジナルドラマ『愛の不時着』が大ヒットを記録したことは記憶に新しく、Netflixをはじめとした配信サービスの台頭は、クオリティの高さから来ていると見て、間違いないのではないでしょうか。

たしかにNetflixをはじめとするＰＧＣの品質は素晴らしいです。しかしユーザーの目線に立つと「自分には真似できない」という認識を与えるため、共感や親近感が生まれにくいという側面もありました。

一方でTikTokが生み出したミーム文化をはじめ、ユーザー起点のコンテンツ（Ｕ

ＧＣ：User Generated Contents）は、有名人ではなく、自分と同じ一般ユーザーの発信が多数です。同じような価値観、同じようなライフスタイルのユーザーが発信する等身大のメッセージは、やはり受け手にとっては、受け取りやすいものなのです。だから拡散しやすい、とも言えるでしょう。

つまり、ミーム文化の中でＵＧＣが爆発的に拡散するから、ユーザーにとっては共感・親近感につながるメッセージを高い頻度で視聴することとなり、その延長線上に「TikTok売れ」が発生しているのです。

◆ミームの発生とクリエイターの影響力

先に説明したミームやＵＧＣは自然発生的に生まれるわけではありません。そこには当然ながら、きっかけが存在します。TikTokにおいては、レコメンドシステムにより多くの人気ハッシュタグ・楽曲が発生していますが、いわゆる有名人ではなく、TikTokクリエイターがミームの発信源となるケースが多い傾向にあります。自分に近い等身大のクリエイターから発信される、真似しやすく面白いコンテンツに共感し、自分でも発信する。そうやってＵＧＣコンテンツのミームが広がっていきます。そして、生まれたミームに著名人も反応することでさらなる爆発的な拡散が生まれていくのです。

ミーム現象をはじめ、無名のクリエイターが一夜にしてプラットフォーム上の有名人になることも多数発生しており、クリエイターが影響力を増す中で「クリエイターエコノミー」と呼ばれるトレンドが生まれるようになりました。クリエイターエコノミーとは、YouTuberやインスタグラマー、TikTokクリエイターをはじめとする個人の制作活動・情報発信・ファンコミュニケーションによって形成される経済圏のことです。

近年はインターネット化の進展によりマスメディアの発信よりも、個の発信力、影響力に注目が集まっていますが、その流れはクリエイターエコノミーの拡大を助長しています。もはやメディア以上の拡散力を持った個人は、メディアはもちろん、企業も無視することができない存在となっています。

◆アメリカで予言されていた「クリエイターエコノミー」時代の到来

アメリカを代表するベンチャーキャピタル「a16z（アンドリーセン・ホロウィッツ）」には、世界が注目するオピニオンリーダーがいます。彼が提唱した概念、それこそが「クリエイターエコノミー」でした。

彼は簡単に言うと、「自分の好きなジャンルやクリエイティビティがマネタイズの源泉になる時代が来る」ということを2019年の時点で予言していました。

よくよく考えてみれば、そもそもインターネットの本質というのは個のエンパワーメントであり、自発的に個の力が最大限に発揮される場所です。テレビではなく、SNS発のスターが生まれるのも、クリエイターエコノミーの拡大によって、インターネットの本質がより鮮明になってきたからとも言えそうです。

◆SNS・デジタルプラットフォームとインフルエンサーマーケティング

クリエイターを取り巻く市場とその変遷についても簡単にご説明します。背景を知ることできっと、TikTokマーケティングへの理解も深まるはずです。

まず、クリエイターが影響力を持つようになった最大の理由は、インターネット化が進展する中でＳＮＳやデジタルプラットフォームが世界中に広がり、「誰もが生産者・発信者になれる時代が到来」したからです。誰でも発信できる時代になり、ＳＮＳやデジタルプラットフォーム上で注目を集める人たちが多くのフォロワーを有するようになると、そこに企業目線での広告価値が生まれました。広告主はそこに着目し、タイアップ広告を展開するようになります。いわゆるＰＲ投稿などがその代表例ですね。

フォロワーは「自分の発信情報を信頼してくれる存在」でもあるため、発信力を持つクリエイターの投稿は、マーケティング上の大きな影響力を及ぼしました。たとえば、若いファンが多いクリエイターの発信をきっかけに、ゲームや若年層向けの商品

購買への貢献

TikTokではUGC(User Generated Contents)と
呼ばれる動画が中心
インフルエンサーによる「縦型UGC」を配信することで
圧倒的な購入を促すことができる

衝動的な購入（主要プラットフォーム5社比較）

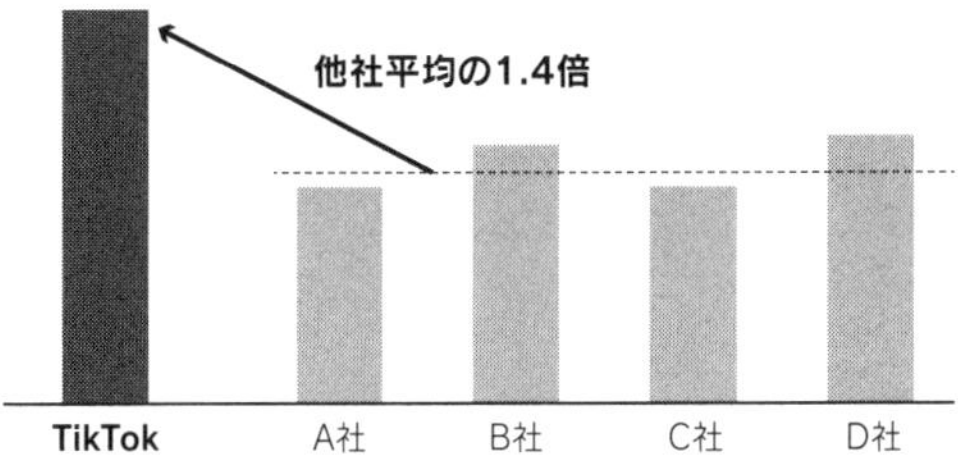

TikTok調べ
Q.昨年のクリスマスシーズンに各プラットフォームでとった行動について
あてはまるものをお答えください。

出典:TikTok for Business「TikTokユーザー白書(2020.11)」

購入・利用意向 キャスティングによる広告効果の違い

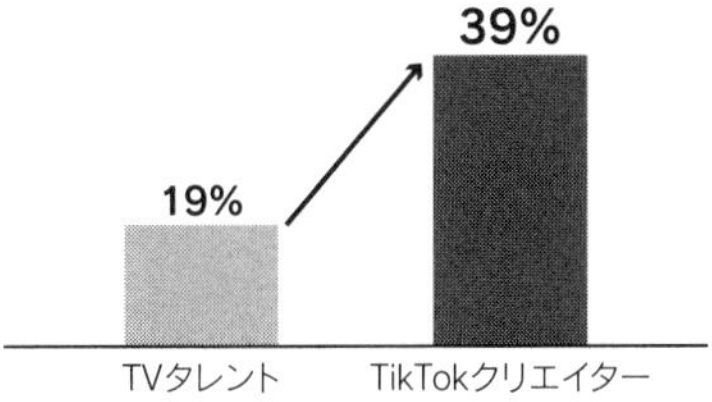

出典:TikTok for Business TikTok BP Creative Tips(2020.3)
「初のクリエイティブリサーチ高い広告効果を生む、4つの法則とは!?」

TikTokに投稿される動画は「UGC」が中心。インフルエンサーによる「縦型UGC」を配信することで興味喚起から購入へとつなげることができるが飛ぶように売れていく。こうしてインスタグラマーやYouTuberへの注目度が高まり、「これからはインフルエンサーマーケティングの時代だ」と、アメリカや中国、そして日本でも盛んに言われるようになり、現在に至るまで市場規模は伸張し続けています。

TikTokにおいてもTikTokクリエイターとのコラボレーションが重要になるのですが、それはこれまでの変遷を見ていけば、時代の流れであり、必然とも言えるでしょう。

◆クリエイターの価値とアテンションエコノミーの限界

プラットフォームとクリエイターの関係性についても言及します。YouTubeは現在、動画配信者に対して再生回数に応じて直接的にアドセンス収益を分配しています。これは、以前Google社がGoogle上で良質なサイトを作ってくれるブロガーに対してアドセンス収益を分配した施策と同じ構造です。

ここで問題になるのは、クリエイターが広告メディアとして見られ、その結果、彼ら・彼女らの価値がアテンション（注目）を中心に理解されているということです。タイアップ広告ではフォロワー数（＝アテンション数）が指標となり、「フォロワー単価」という価格が設定されるようになりました。これは日本だけではなく、アメリカや中国でも同様の値付けがされています。

また、アドセンスの収益も基本的には再生回数（＝アテンション数）に応じて分配されますので、奇をてらったことをやればどんどんアテンションが集まり、メディア価値が増すのでマネタイズができる、という構造が出来上がりました。

◆アテンションが指標となることのデメリット

しかし現在クリエイターたちが幸福かといえば、そうとは言い切れません。

なぜなら、視聴者には常に刺激的なコンテンツを求められ続け、何よりプラットフォームのさじ加減ひとつで自分の収益が大きく下がってしまう可能性があるからです。

たとえばYouTubeの1再生あたりのアドセンス収益が０・２５円だったところが、ある日突然０・１円になったりするのです。収益で言うと60%減です。もし月給30万円の会社勤めの人が「明日からあなたの月給は12万円です」と社長に言われたら大問題になりますよね。プラットフォーム上のアテンションで判断される世界では、クリエイターは否が応でもプラットフォーム側の都合に振り回されることになるわけです。

◆収益の安定化を望み、ビジネス意識を高めるクリエイターたち

では、クリエイターたちはどうするか。当然、ひとつのプラットフォームに依存しない稼ぎ方を模索しています。たとえば活動するプラットフォームを広げる、広告以外の収益源を見つける、自分のブランドを作り販売するなどです。起業家として事業を興すクリエイターも生まれてきました。そしてそのような流れの中で、広告主との付き合い方に対してもプロとしてのビジネス意識が高まっています。

企業タイアップが得意なクリエイターとして認められると、クリエイター生活の安

定はもちろん、社会的な地位向上などのステップアップにもつながるという理解が生まれてきました。クリエイターエコノミー時代においては、クリエイターと企業はともに手を組み、時代を切り拓いていく同志となるのです。

◆「TikTok売れ」を生み出すうえで重要なのは、相性

ここまでの説明で、「TikTok売れ」を起こすためには、TikTokにおけるレコメンドシステムやミーム文化の理解が重要であり、その中で影響力を増すクリエイターの存在についても理解が深まってきたのではないでしょうか。

TikTokマーケティングにおいても、クリエイターとのコラボレーションは非常に重要である一方、ご一緒するクリエイターが超有名である必要はありません。なぜなら、先述の通りTikTokにおいてはフォロワーに関係なくコンテンツの質次第で動画が拡散していくためです。そのため、クリエイターとのコラボレーションを考える際には、むしろ相性が重要になります。

主要プラットフォーム5社比較

そして、〝興味突破〟の購買行動が起きている

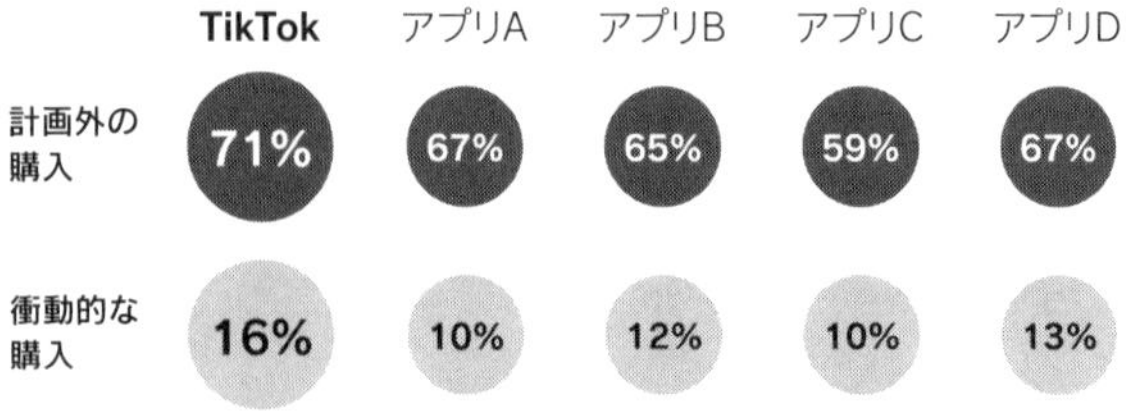

Q.昨年のクリスマスシーズンに各プラットフォームでとった行動について
あてはまるものをお答えください。

主要プラットフォームと比較しても、TikTokの興味起点の購買行動は高いことがわかる　出典：TikTok for Business「TikTokユーザー白書（2020.11）」

他のSNSやデジタルプラットフォームでは、自分の好きな人物をフォローして、その人物の投稿を通して、好きな人が好きなものを知ります。しかしTikTokは、特定の誰かではなく、「知らない誰か」の好きを「みんな」で共有、拡散していくプラットフォームです。つまり「おすすめ」で流れてくる動画の大半は、知らない誰かが制作した動画であり、知らない誰かが好んだ動画なのです。その中で商品に偶然出会い、購入に至る。いわば「TikTok売れ」は、衝動買いに近い現象なのです。

◆次に好きなものに出会う「TikTok」

TikTokにおいて「誰の発信か」が重要でないことは、無名のアーティストによる楽曲がバズっていることからも明らかです。「誰」が重要なら、人気のアイドルグループの楽曲を使用した動画ばかりが投稿されるはずであり、無名のアーティストの楽曲はスルーされるはずですよね。むしろ「どのような発信か」「自分に合う発信か」が重要なのです。

TikTokのユーザーは「いま」好きなものを探すことはせず、自分が「次」に好きになれるものをレコメンドされることに価値を感じており、偶然の出会いをTikTokで求めているのです。検索では生まれない〝意外な出会い〟がTikTokにはあります。その「偶然」から生まれた出会いが「興味」、そして「購入」につながる。結果、TikTokによる偶然の出会いの創出と情報拡散力によって、今日までさまざまな「TikTok売れ」事例が誕生したわけです。この一連の流れこそが「TikTok売れ」の正体でもあります。

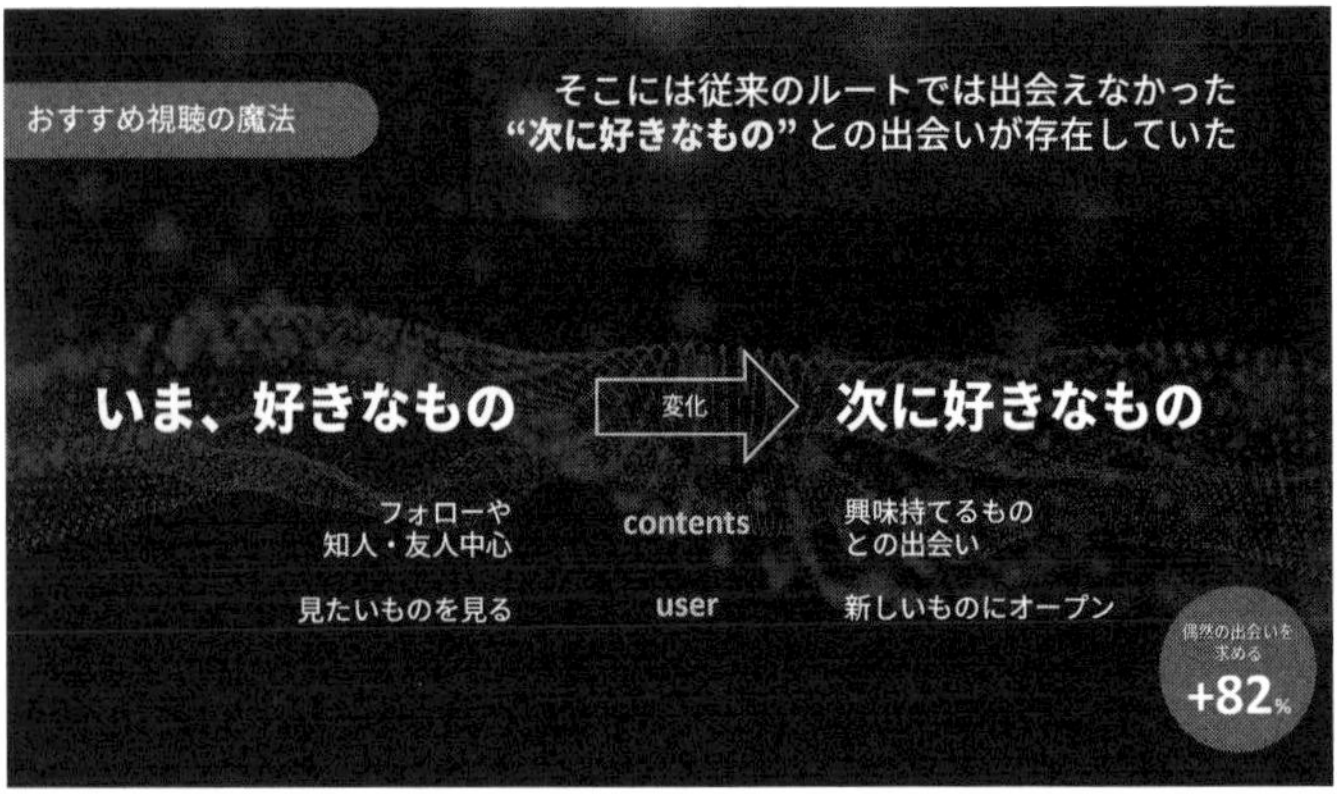

TikTokユーザーの82%が「偶然の出会いを求める」　画像出典:TikTok for Business「「TikTok売れ」―潜在顧客を捕まえる―(2022.2)」

TikTok独自のおすすめ視聴の魔法が「TikTok売れ」を生み出している　画像出典:TikTok for Business「「TikTok売れ」―潜在顧客を捕まえる―(2022.2)」

これはTikTokの「おすすめ視聴」という構造によるものです。それだけ独自性があるプラットフォームであり、「TikTok売れ」は、TikTokでしか起こすことができない現象なのです。

◆TikTok売れと潜在顧客

デジタルマーケティングの強みはデータ取得にあります。たとえば商品ページを一度訪れたユーザーに、バナー広告を表示する。こうしたリターゲティング広告も、デジタルの強みを活かしたアプローチと言えるでしょう。しかし、デジタルでわかるのはあくまで「顕在層」です。すでに興味を示したユーザーであれば、アプローチのしようもありますが、まだ接触のない「潜在層」については、なかなかリーチできないという課題がありました。また、昨今は個人のデータ取得に関わる規制も強化されデータ取得自体も困難になっています。対してTikTokは、顕在層はもちろん、潜在層へのアプローチも実現可能なプラットフォームです。

顕在層と潜在層、両方を巻き込めるから効果が大きくなる。この点も「TikTok売れ」を理解するうえで、重要な要素のひとつです。

◆通常の広告では動かない顧客が動く「TikTok」

通常の広告アプローチの場合、ユーザーは自分と関係がないと感じると、情報をシャットアウトしてしまい、そもそも情報が「届かない」ケースが多々あります。しかし本当はそこに、「潜在需要」が存在することも往々にしてあるのです。ユーザーがそこに気づいていないだけ。ならば〝気づき〟を与えることができれば、潜在需要は可視化され、顕在需要、つまり「欲しい」に変わります。

TikTokでは、その入り口をエンタメ性という形で開きます。動画を通じて「興味」を喚起し、ユーザーの欲しいものに加えてもらうわけです。

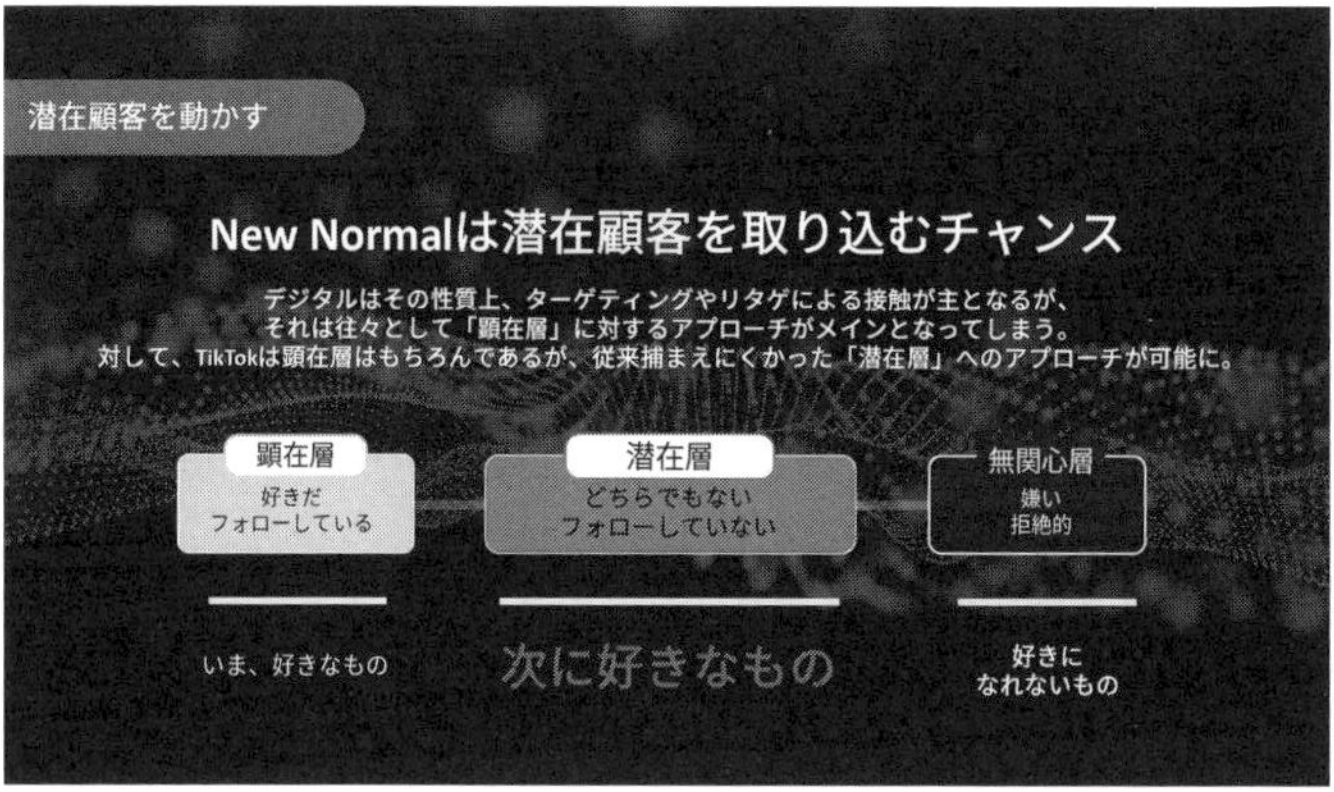

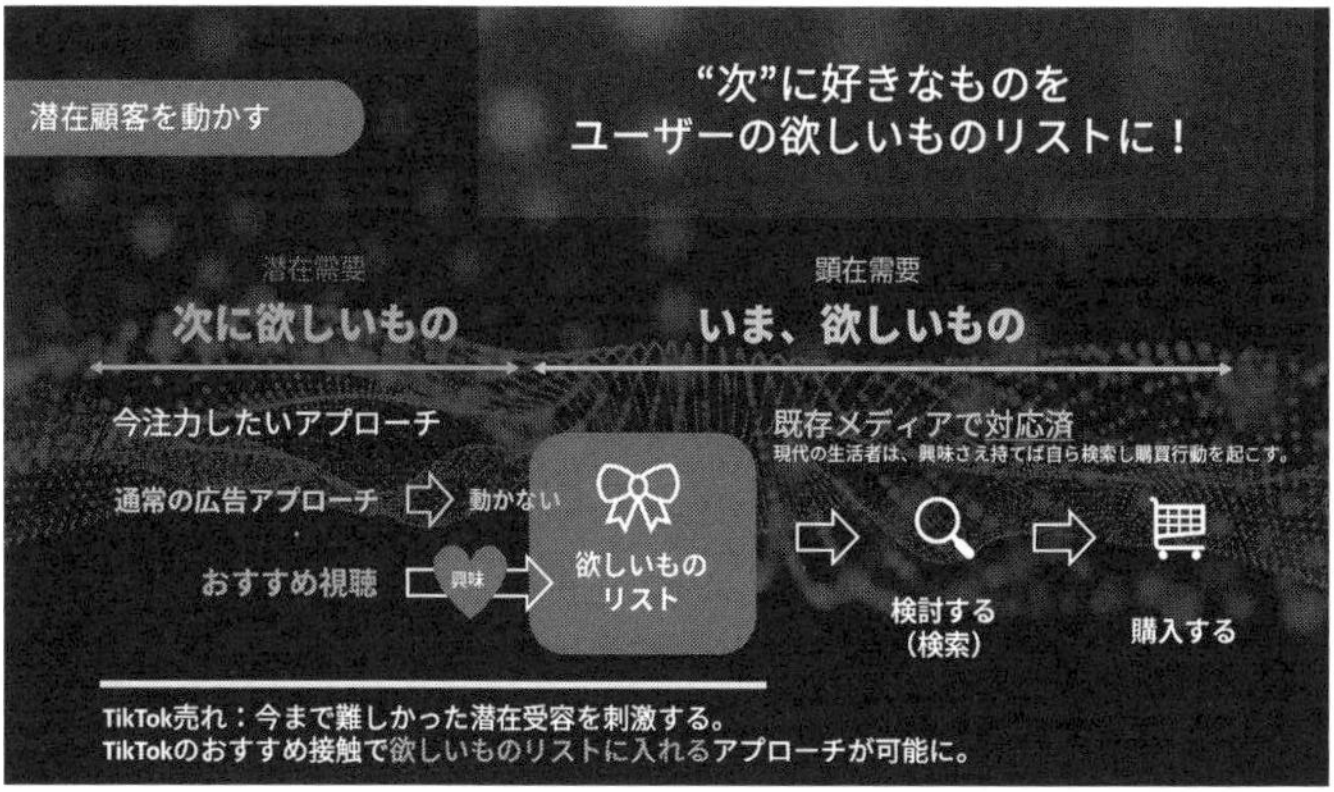

デジタルマーケティングの課題だった潜在層へのアプローチをTikTokは可能とする　画像出典：TikTok for Business「「TikTok売れ」ー潜在顧客を捕まえるー(2022.2)」

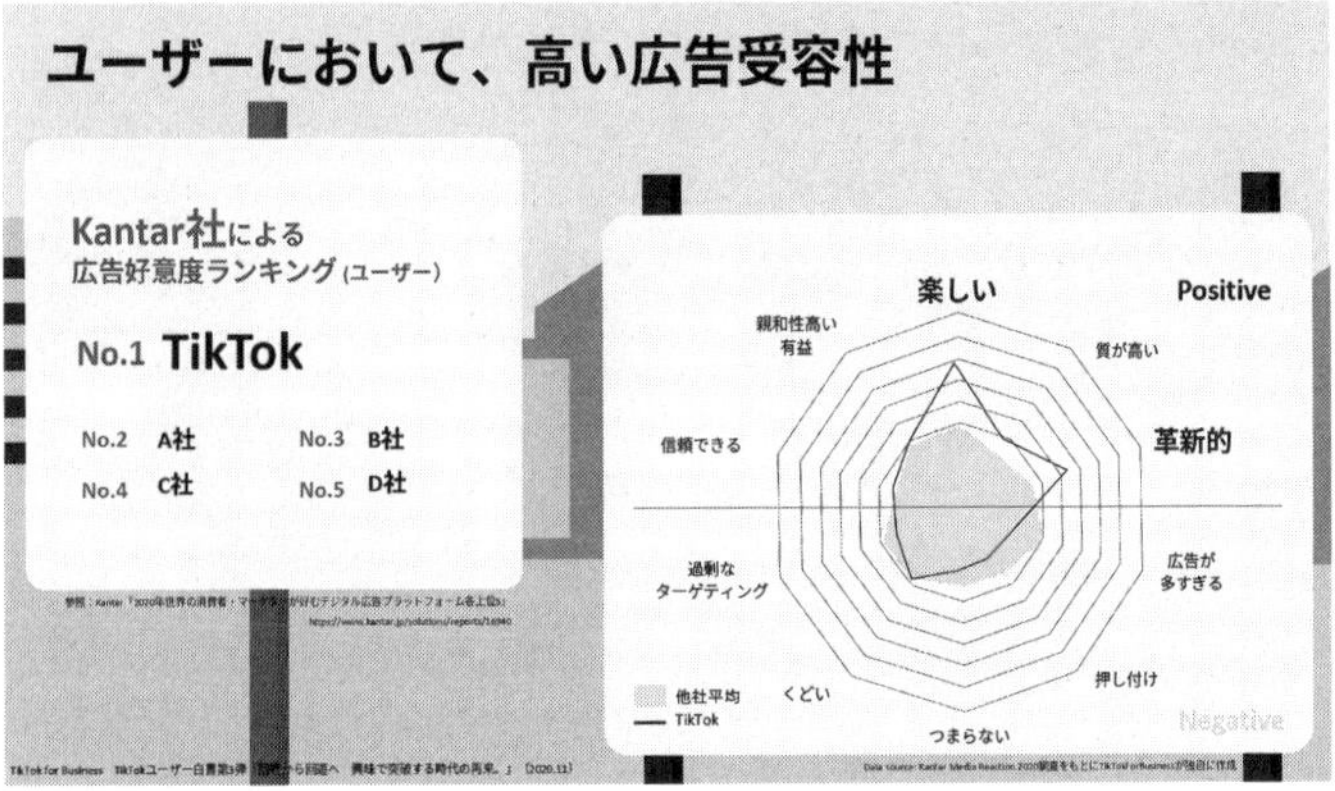

他プラットフォームと比較しても、TikTokユーザーの広告受容性は高い。これも「おすすめ視聴の魔法」のひとつと言える　画像出典：TikTok for Business「TikTokユーザー白書（2020.11）」

◆広告も「おすすめ視聴」の一部だから届く

潜在層にアプローチが可能なのは、TikTokでは広告もまた、おすすめ視聴の一部だからです。不要だと思えばスキップできる。無理やりに見せられることがない環境の中で自然に情報接触ができるから、態度変容も起きやすいわけです。

TikTokには、無限の可能性が眠っています。なかでも潜在層、新規顧客へのアプローチには非常に有効なプラットフォームであると言えるでしょう。

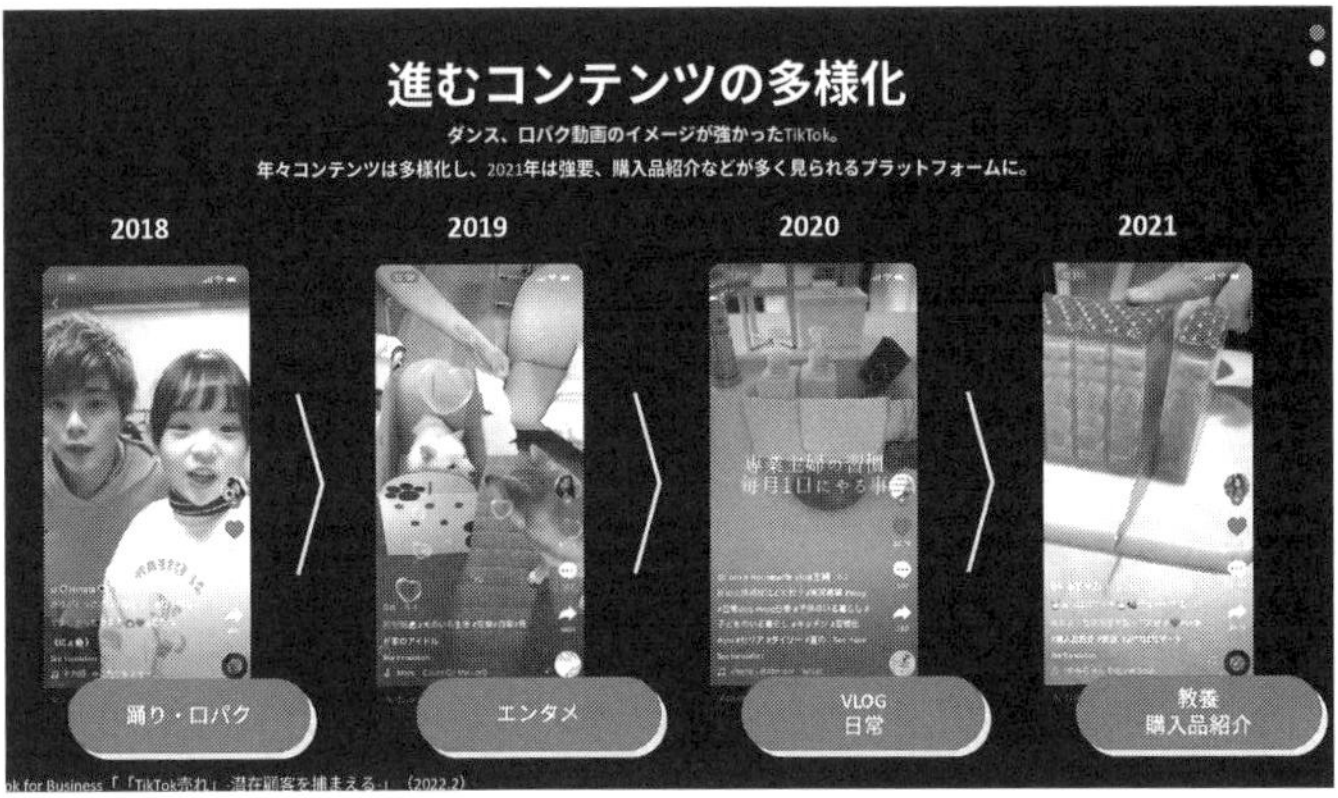

踊り・口パクからエンタメ、VLOG、教養と、TikTokのコンテンツは年々多様化している　画像出典：TikTok for Business「「TikTok売れ」―潜在顧客を捕まえる―(2022.2)」

◆「TikTok売れ」を生み出すために

TikTok売れの基本構造、有用性はご理解いただけたのではないでしょうか。では次に、いかにしてTikTok売れを生み出すかについて、ご説明します。

前述の通り、TikTok売れは「おすすめ視聴の魔法」によって生まれます。まずは「おすすめされるコンテンツ（動画）」を制作すること。これが絶対必要条件であり、ファーストステップです。

TikTokをインストールして動画を見ていくとわかるのですが、TikTokには、TikTokの流儀、文脈というものが存在します。たとえば、最初の数秒でいかにユーザーの指を止めさせるか。そしてエンタメ性を持たせた動画で、いかに興味とともに情報を届けられるか。最低でもこの2つを押さえていない動画がバズることは、ほぼありません。

音楽とダンスに乗せてメッセージを届けることも、もちろん有効です。しかしTikTokのコンテンツは現在、非常に多様化しています。それはつまり、アプローチの選択肢も昔のダンス一択ではなく、広がっているということです。その中で、商品やサービスに合わせて、適切なアプローチを選択し、コンテンツを制作することが必要になります。

◆「TikTok売れ」を生み出す方法その1　クリエイタータイアップ

餅は餅屋と言いますが、TikTokでバズ・ミームを生み出すうえではTikTokというプラットフォームの理解者の存在が非常に大きいです。そのうえで有用になるひとつの施策が「TikTokクリエイターとのタイアップ」です。

TikTokの動画の評価基準

**投稿の評価基準は以下の6項目に大別され、
それらを踏まえたクリエイティブを作ることが重要**

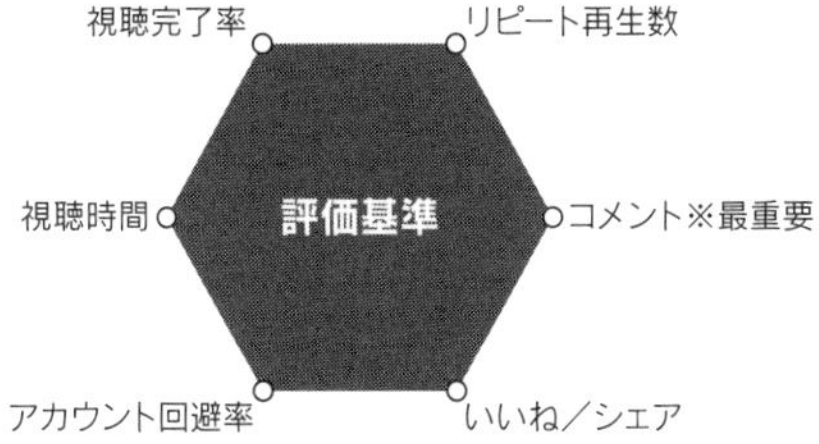

※コメントを読む時間も再生数にカウントされる
※コメント返信数やコメントいいね数もエンゲージメントとして評価

TikTokでバズる動画は、大きく6つの項目で高い評価を得て、多数のユーザーに「おすすめ視聴」されている（自社調べ）

これは、TikTokクリエイターなら誰でもいい、ということではありません。クリエイターにはそれぞれ得意・不得意のジャンルがあります。また制作する動画にも個性があります。そのため、クリエイターの特徴や動画コンテンツの内容によって視聴者への届き方は大きく変わります。得意なジャンル、個性を見極めたうえで、商品やサービスにマッチしたクリエイターとコラボレーションすること。それがクリエイタータイアップを通じ「TikTok売れ」を生み出す方法のひとつです。

ここで懸念となるのが、「多数のTikTok

クリエイターの中から、自社に合ったクリエイターをいかに探し出すか」という点です。正直、これには明確な正解はありません。普段からTikTokを視聴し自社のブランドイメージに合うクリエイターを探すのも手ですし、クリエイターそれぞれの定量情報（平均再生・平均エンゲージ・視聴者の男女比率・年齢構成など）から判断するのも手です。個人的な意見となりますが、最初はTikTokに詳しいパートナー企業と取り組むなどしながら自社に合う戦略やクリエイターを選定し、ＫＰＩの型を見出すのが良いのではと思っています。TikTokにはこれまでのＳＮＳや動画プラットフォームとも異なる新しい常識が多いことをご理解いただけたらと思います。

◆「TikTok売れ」を生み出す方法その2　自社アカウント運用

クリエイターとのコラボレーションは有効な選択肢ですが、つながり続ける、という点では課題もあります。なぜなら、クリエイターとのコラボは基本的には一過性のものであり、クリエイターが特定企業のＰＲだけをし続けることは、ありえないからです。
しかし自前のアカウントであれば、アカウントを通じて、ユーザーとつながり続けることが可能です。前述の通り、TikTokは著名人の投稿でなくても、面白ければバズるプラットフォームです。アイデア次第で、企業アカウントから投稿されたコンテンツも普通にバズります。「おすすめ視聴」は、誰が発信したかではなく、面白さが優先されます。企業アカウントだからバズらないということはありませんので、ご安心ください。

自前アカウントを運用するうえで課題となるのが「何を投稿するか」です。TikTokにはTikTokの流儀があるわけですが、〝らしくない〟=ギャップも、TikTokでバズりやすいキーワードのひとつです。

真面目なイメージの企業がエンタメ性の高い動画を投稿する。極端な例を出すなら、大企業の社長によるキレキレのダンス動画などはこの、「ギャップでバズる」に該当します。２０２０年に、タクシー会社「三和交通」のおじさん社員によるダンス動画がTikTokでバズり、さまざまなメディアで取り上げられましたが、それも「おじさんとダンス」というギャップが生み出した目新しさによるところが大きいと言えます。

TikTokは一見、何でもありに見えて、そこにはポイントが存在します。企業アカウントの場合には、これまでの常識を飛び越えることも、ときには必要です。自社だけでなく、代理店などの他社の力も借りて、一緒にTikTokを攻略するくらいのマインドの方がうまくいくのではないでしょうか。

「TikTok売れ」を生み出す方法その3　運用型のTikTok広告

TikTokにも当然、広告枠があり、動画広告を流すことができます。

TikTok広告が表示されるのは、2ヶ所のみ。アプリ起動時に表示される「TopView」と、おすすめ「フィード」です。

後者は、一般投稿の合間に流れる動画広告であり、運用型のTikTok広告を実施する場合、多くの企業が選ぶいちばんスタンダードな広告枠です。もちろん、「TopView」

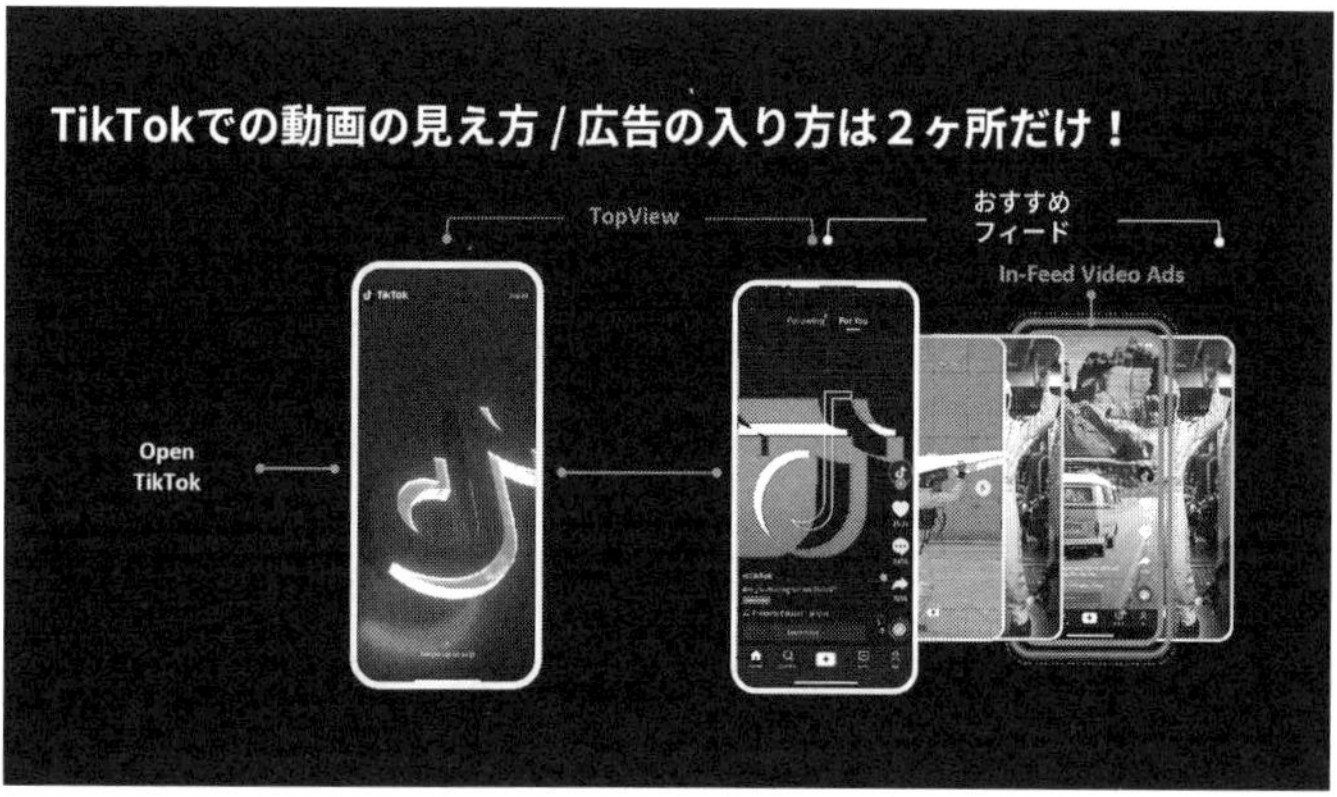

TikTokの広告枠は2ヶ所だけ。どう組み合わせるかも戦略が必要になる　画像出典：TikTok for Business「「TikTok売れ」―潜在顧客を捕まえる―(2022.2)」

と組み合わせることでリーチ拡大にも寄与しますので、どちらかだけでいい、というよりは商品やサービスに合わせて、適切な出稿のバランスを考える必要があります。

たとえばYouTubeだと、動画広告の強制視聴時間がありますが、TikTokにはありません。一般投稿と同じようにユーザーに表示され、興味がなければスキップされるという仕様になっています。

つまり運用型広告においても、TikTokではTikTokの流儀を理解したコンテンツを投入することが大切なのです。ここでもプロの力は大いに発揮されますので、既存動画の流用ではなく、TikTokクリエイターとコラボしたコンテンツなど、TikTok用のコンテンツを用意することをおすすめします。

◆「TikTok売れ」を生み出す方法その4　まずは始めてみる

どんなに「TikTok売れ」を理屈で理解しても、まずはTikTokマーケティングを始めてみないことには、何も生まれません。宝くじが、買わずに当たることがないように、TikTokマーケティングをせずに「TikTok売れ」が起きることもありません。

以降の章では、実際にTikTokマーケティングを展開している企業の事例、そしてクリエイター目線で捉えるタイアップ広告の効果を最大化する方法について、私、朝戸がインタビュアとなって解き明かしていきます。きっと、さまざまなヒントがそこにあるはずです。引き続き、ぜひお付き合いください。

第3章

TikTok×
クリエイターで
課題を解決する

事例で学ぶ

第1章、第2章でTikTokの概論をお届けしました。その中で、TikTokの強みや活用法をおわかりいただけたかと思います。ここからは、実際にNateeの手がけたTikTokマーケティングが、課題解決に寄与した企業の担当者の方との対談を通じて、TikTokの有用性を読者の皆さんにお届けします。

日本ロレアル株式会社
高瀬絵理さん

最初の対談相手は、「TikTok×クリエイター」によって〝若年層へのアプローチ〟という課題の解決を図った日本ロレアル株式会社 コンシューマー プロダクツ事業本部 デジタルトランスフォーメーション統括の高瀬絵理さんです。

郵 便 は が き

お手数ですが、
切手を
おはりください。

1 5 1 0 0 5 1

東京都渋谷区千駄ヶ谷 4 - 9 - 7

(株) 幻 冬 舎

書籍編集部宛

ご住所 〒

都・道
府・県

フリガナ

お名前

メール

インターネットでも回答を受け付けております
https://www.gentosha.co.jp/e/

裏面のご感想を広告等、書籍の PR に使わせていただく場合がございます。

幻冬舎より、著者に関する新しいお知らせ・小社および関連会社、広告主からのご案内を送付することがあります。不要の場合は右の欄にレ印をご記入ください。

不要 □

本書をお買い上げいただき、誠にありがとうございました。
質問にお答えいただけたら幸いです。

◎ご購入いただいた本のタイトルをご記入ください。

『　　　　　　　　　　　　　　　　　　　　　　　　　　　　』

★著者へのメッセージ、または本書のご感想をお書きください。

●本書をお求めになった動機は？

①著者が好きだから　②タイトルにひかれて　③テーマにひかれて
④カバーにひかれて　⑤帯のコピーにひかれて　⑥新聞で見て
⑦インターネットで知って　⑧売れてるから／話題だから
⑨役に立ちそうだから

生年月日　西暦　　年　　月　　日（　　歳）男・女				
ご職業	①学生	②教員・研究職	③公務員	④農林漁業
	⑤専門・技術職	⑥自由業	⑦自営業	⑧会社役員
	⑨会社員	⑩専業主夫・主婦	⑪パート・アルバイト	
	⑫無職	⑬その他（　　　　）		

ご記入いただきました個人情報については、許可なく他の目的で使用することはありません。ご協力ありがとうございました。

メイベリン ニューヨーク × Natee

否定からは何も生まれない。チャレンジスピリット

朝戸　本日は、「TikTok ×クリエイターで課題を解決するヒント」をテーマに、いろいろとお話をお伺いできたらと思っています。よろしくお願いします。

高瀬　こちらこそ、よろしくお願いします。

朝戸　これまで洗練されたプロダクトやクリエイティブによってユーザーとコミュニケーションしていたイメージを持っている読者の方も多いと思います。まずはなぜ、メイベリン ニューヨークさまならびにロレアル パリさまがTikTokに着目されたのかについて、あらためて聞かせてください。

◆若者が語りたくなるブランドに変わらなければいけない

高瀬　私たちの主力製品は、メイクアップとヘアケアとヘアカラーです。特に「メイクアップ」「ヘアケア」の領域において、もっと若年層とコミュニケーションを取っていきたいという思いがありました。「メイベリン ニューヨーク」「ロレアル パリ」というブランド名自体は、若年層の方にも知っていただいていると感じています。しかし、なかなか購入いただけない。そこで、若年層の購買行動を調べてみると、ブランドからの広告を参考にする比率がその他世代と比較して低いことがわかりました。では、何を参考にしているかというと、インフルエンサーや友人などの口コミ、主にＳＮＳやデジタルプラットフォームの情報でした。

朝戸　２０２１年頃からGoogle検索の「ググる」から、Instagramのタグ検索による「タグる」に検索行動が変化しているという話をよく耳にしますが、Z世代の若者に話を聞くと、Instagramで本当にさまざまな情報を検索していますよね。

高瀬　はい。私たちはブランドイメージを大切にしており、クリエイティブにおいても、こだわりを持って発信し続けてきました。ですが、Z世代を中心とした若年層にアプローチしたいと考えたとき、私たちはもっと若者に寄り添ったコミュニケーションをすべきだと気がつきました。具体的には、インフルエンサーやユーザーがSNSやデジタルプラットフォームで語りたくなるブランドに変わらなければいけない。そして、そのための投資をしていく必要があると考えました。

朝戸　製品自体は素晴らしいわけですから、まずは若年層のユーザーにも一度使ってみてもらえれば長期的なファンになっていただけそうですよね。

高瀬　手前味噌ですが、製品開発にかける思いや労力は、世界一だと感じています。製品への自信があるからこそ、有効な手段でコミュニケーションをしていくことで課題を解決できる可能性があると感じました。

◆TikTokは、認知向上、購買促進のプラットフォームとして活用

朝戸　メイベリン　ニューヨークさまやロレアル　パリさまは、弊社と取り組みをされ

る以前から、すでにTikTokを活用し、若年層とのコミュニケーションを取りはじめていましたよね。

高瀬　はい。２０１８年からTikTokでの広告展開をスタートしたのですが、メイクアップの分野では、かなり早い段階から参入したのではないでしょうか。

朝戸　２０１８年は早いですね。その後、TikTokの施策に弊社も関わるようになりましたが、他のプラットフォームでもユーザーとのコミュニケーションは展開されていますよね？

高瀬　TikTokをはじめ、YouTube、Instagram、Twitter、すべてのプラットフォームでアカウントを持っており、それぞれ役割を分けて活用しています。

朝戸　どのように使い分けしているのですか？

高瀬　若年層がビューティーの製品を知りたい、発見したいときに使うプラットフォームは、TikTokかInstagramです。この２つのプラットフォームでは、主に認知向上、購買を促すコミュニケーションを意識しています。Z世代は、Twitterを「製品情報を確かめるために使っている」という実感値があり、私たちは、製品の評判を確認するプラットフォームとして認識、活用しています。YouTubeに関しては、他のプラットフォームよりも長尺コンテンツが多い特性を踏まえ、製品情報についての深い理解を促せるコミュニケーションを意識しています。

◆コンテンツとしてメッセージを届けるために、クリエイターを起用

朝戸　その中で、「TikTokでの広告展開の効果を最大化するために、クリエイターとのコラボレーションに活路を見出されたわけですよね。

高瀬　やはり、「TikTokにおいても、ブランド発信的な広告は広告であり、コンテンツとしては届きにくいです。もっと親近感が湧くような、Z世代が自分の身近な人からの発信として受け取れるようにするには、どうすべきか。TikTok上で話題になるためには、クリエイター起用というところに可能性を感じました。

朝戸　第三者からのレコメンドという見え方もそうですし、「TikTokクリエイターの

方たちは、それぞれTikTok上におけるメッセージの届け方のノウハウを持っていますから、そうした強みを活かせるのは、魅力ですよね。

高瀬　はい。その中でNateeさんと出会い、眉のペンシルとブラシが一緒になっている「メイベリン ブロウインク カラーティントデュオ」のクリエイタータイアップをご相談させてもらいました。

◆クリエイター選定で大切にしたのは「親和性」と「コンテンツ」

朝戸　「メイベリン ブロウインク カラーティントデュオ」の強みである2in1（1本2役）という利便性を、クリエイター制作の動画で、エンタメ性を持たせた形で若年層に届けたい、というのが主な依頼内容だったかと思います。肝になるのは当然、クリエイター選定ですよね。TikTokクリエイターの方たちは、TikTok界隈では有名でも、一般的な知名度があるとは限りません。いちばん重視したのは、どのような点ですか？

高瀬　メイベリン ニューヨークやロレアル パリでは、これまでも、インフルエンサーの方とコラボレーションした事例があります。その中で、大切にしているのは、フォロワー数よりも、投稿しているコンテンツです。今回の場合は主に「美容への関心の高さ」と、「話題醸成のうまさ」を投稿内容から判断し、選定しました。

朝戸　TikTok は、YouTube や Instagram 以上に、人よりもコンテンツが主役のプラットフォームですから、バズるかどうかは、本当にコンテンツ次第なところがあります。エンタメ性のある縦型動画を制作し、TikTok のレコメンドシステムが「多くの人に共感を呼ぶ動画」と判断すれば、短期間で驚くほどの再生数を叩き出します。一方で、普段はダンスが主体のクリエイターさんがコスメ紹介をしても、コンテンツの評価が低ければ、再生数は伸びないという、実にシンプルな構造になっています。

◆広告もエンタメ性ありきのTikTok

高瀬　だからこそ、エンタメ性ありきで、広告としての役割も果たすという考え方が重要だと感じました。

朝戸　今回、お願いしたTikTokクリエイターの「やみちゃん」さんは、TikTokでは美容投稿の第一人者とも言われる、有名な美容系インフルエンサーです。

高瀬　御社からもクリエイターさんのご説明をいただき、この方にお願いしたいと考えました。

朝戸　企業の方からしても、クリエイター選びは難しいと思います。一方で、クリエイターさんとしても、〝自分らしさ（エンタメ性）〟を消して、企業のメッセージも届けることに注力すれば、ファンが離れてしまいます。だからこそ美容系のクリエイターさんは本当に毎回、真剣にタイアップと向き合ってくれている印象があります。

高瀬　出来上がった動画は、クリエイターさんの感性を大切にして、製品の特徴を紹介しているものとなりました。これまでのメイベリン　ニューヨークのクリエイティブとはまるで違いますが、それも含めて「Z世代に届ける」ことに本気で挑んだ軌跡がそこにあると考えています。

商品製品名:メイベリン ブロウインク カラーティントデュオ
クリエイター名:やみちゃんさん(https://www.tiktok.com/@ayami_yamichan)
投稿URL:https://vt.tiktok.com/ZS8Jqoh9X/

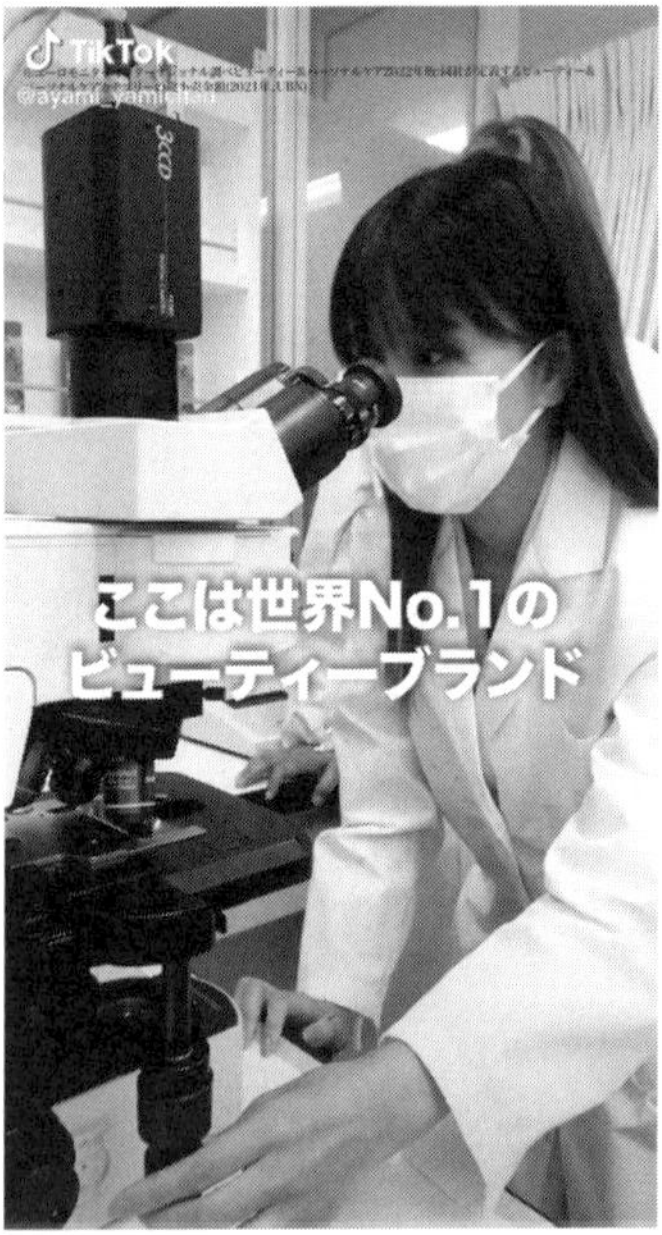

商品製品名:ロレアル パリ エクストラオーディナリー オイル
クリエイター名:やみちゃんさん(https://www.tiktok.com/@ayami_yamichan)
投稿URL:https://www.tiktok.com/@ayami_yamichan/video/7145029845808860418

◆ユーザーの声に応えることが「寄り添う」ことにつながる

朝戸　TikTokの動画は、短い時間の中で、多くの情報が詰め込まれているのが特徴です。今回の「やみちゃん」さんの動画も、わずか35秒の動画の中で、「眉をきれいに整え、形をつくるのに、これまで3つのアイテムを使っていた」けれど、「これ1本で実現できる」ということを、実際に工程を見せながら、実用性の高さを訴求しました。

高瀬　同時期に、他にもブランド発信による動画も展開していたのですが、「やみちゃん」さんとのタイアップ動画の方が非常に再生数も多く、数倍の差がついたのは驚きました。

朝戸　TikTokマーケティングはその「驚き（拡散力）」の大きさが他のプラットフォームと比べて段違いですよね。そこが魅力であり、面白さだと私自身も感じています。

高瀬　他のクリエイターの方とタイアップした動画も、今までのメイベリン ニューヨークやロレアル パリの広告とは違うと思います。若年層にアプローチしたいのな

商品製品名：メイベリン Fit me
クリエイター名：ほのぴすさん
投稿URL：https://www.tiktok.com/@noponopisu2/video/7112388808603192577

らば、彼らを知り、「求めているものがわかったら、そこに突き進む」という覚悟があります。私たちは常に、製品においてもマーケティングにおいても、コンシューマーに寄り添うことを大切にしています。コンシューマーがエンタメ性の高い短尺動画を求めるならば、その声に応えることもまた、〝寄り添う〟につながると考えています。

◆共感と成果につながった、クリエイター目線の「感想」

朝戸　だからといって、新しいことへのチャレンジに、不安がなかったわけではないですよね？

高瀬　何が正しくて、何が間違っているのか。何度も迷いました。しかし私たちは、「変わらないといけない」という思いを持っていました。その不安感がチャレンジする理由につながったと考えています。

朝戸　そんな勇気あるチャレンジのパートナーに選んでいただけたこと、お手伝いができたことを、心からうれしく思っています。

高瀬　TikTokはタイアップにおいてもコンテンツ、クリエイターさんが主役です。その中で、クリエイターさんたちが、自身の言葉で、嘘のない感想を届けてくれました。だから、ちゃんと伝わった、心に響かせることができたのだと感じています。

朝戸　使用感を届けられるというのは、大きいですよね。

高瀬　これまでだと、これが新製品です、マスカラとペンシルが一緒になっています、便利ですと伝えるまでが広告の役割でした。しかし今回は、実際の使用感まで届けられたことで、製品の魅力をしっかり届けることができました。過去の動画と比べても、2倍以上の再生数、視聴時間となっていますし、クリエイター起用の効果を実感することができました。

◆コントロールに固執せず、効果を最大化する「お任せ」の視点

朝戸　企業の方からすると、動画制作を「クリエイターさん任せ」にする不安もあると思います。ですが、TikTokユーザーからすると、クリエイター＝親近感のあるクラスの人気者みたいな存在で、彼らが自分の言葉、本音で語るから成果につながる部分があります。

高瀬　テレビCMなら、比較的コントロールできますが、クリエイターとの共創はそうではありません。だからこそ、クリエイター選定はとても大切だと思います。

朝戸　そうですね。ただ、任せるとはいえ、共同作業ですから、完成した動画を見て「言わされてる感」があれば、撮り直した方がいいのではないかと率直なフィードバックをお伝えするケースもあります。クライアントは動画を作りたいわけではなく、成果を求めています。ならばそのためのサポートや助言はさせてもらうべきだと考え

ています。

高瀬　TikTokに限らず、インフルエンサーマーケティングの注目度がこれだけ高まっている状況を考えると、コンテンツのコントロールに固執すること自体が難しくなっているようにも感じます。感覚値ですが、コントロールできるのは全体の1割から2割程度ではないでしょうか。その覚悟を持つことも、企業側に求められる時代になってきていると思います。

商品製品名：ロレアル パリ ウォーター トリートメント
クリエイター名：ナナさん
投稿URL：https://www.tiktok.com/@__na817ktt/video/7127587870373645569

朝戸　わかりやすい例として、こちらが「これを言ってください」とお願いしても、「自分のキャラクターに合っていないから、それはできない」と、タイアップ自体を断られてしまうケースもあります。

これは決して、クリエイターが偉くなったわけではなく、彼らも生き残るために必死に自分のブランドを守っているからです。

高瀬　円滑な進行という観点では、多くの余白を残した状態でブリーフィングすることが大切だと感じています。私たちは、製品選びの決め手をＲＴＢ（Reason to Believe）と表現しています。現在はその決め手が「自分の信頼しているインフルエンサーのおすすめ」であるケースも増えています。ＲＴＢがインフルエンサーになっているのなら、特徴や製品名は伝えつつも、ある程度お任せすることで、効果を最大化できると考えています。

◆変わらない軸を持って、勇気を持って変化していきたい

朝戸　TikTokというプラットフォームのポテンシャルを、どのように感じていますか？

高瀬　現在、Ｚ世代の「発見プラットフォーム」として絶大な信頼を獲得しています

よね。レコメンドによって出会うコンテンツは、自分の知らない世界を教えてくれるので、TikTokは情報のインプットに向いている。そんな風にZ世代の若者たちは感じているように思います。心を動かし、購買にまでつなげるチカラもありますし、非常に高いポテンシャルを秘めているという印象を持っています。

朝戸　TikTokは、Z世代の若者たちにも多く支持されるプラットフォームとあって、トレンドの移り変わりの早さには驚かされます。今日流行っていたものが、翌週には沈静化しているなんてことも当たり前にあります。

高瀬　トレンドが変化する一方で、私たちは「変わらない軸」を持ち続けなければいけないと考えています。その軸こそが、顧客視点で物事を考える「コンシューマーセントリック」です。コロナを経て、急激にデジタルシフトが進む中で、デジタルマーケティングの重要性はさらに高まりました。コンシューマーがZ世代で、彼らが「短尺動画で、要点を早く知りたい」と考えるならば、ブランド起点の発信ではなく、コンシューマーに寄り添った発信もしていく。これも「コンシューマーセントリック」

の視点です。変わらない軸を持ち、勇気を持って変化していく。私たちのTikTokマーケティングには、そんな決意が込められています。

朝戸　日本は、大手になればなるほど、保守的になりがちです。その中で、メイベリン ニューヨークさま・ロレアル パリさまの取り組みに刺激を受けた企業は多いと思います。ぜひ、多くの企業の方にTikTokマーケティングにチャレンジしてほしいですね。本日はありがとうございました。

第4章

TikTok広告で課題を解決する

事例で学ぶ

第1章、第2章でもお伝えした通り、TikTokでは、広告も通常コンテンツと同じように、強制視聴の制限はなく、任意でスキップ可能です。では、その中で、どのような動画広告を配信するのが効果的なのでしょうか。

第4章では「TikTok広告で課題を解決する」をテーマに、通信教育・出版事業などを展開する株式会社ベネッセコーポレーションの「進研ゼミ」の運用をNateeでサポートした事例を交えて、課題解決のヒントをお届けします。お話をお聞きしたのは、同社のメディア開発部　宮木良治さんです。

株式会社ベネッセコーポレーション
宮木良治さん

ベネッセ

×

Natee

TikTokの文脈を捉え、親和性と納得感で、中高生にアプローチ

朝戸　本日は、Z世代をターゲットに「進研ゼミ」のTikTok広告を運用したお話をメインに、お聞きできたらと思っています。よろしくお願いします。

宮木　こちらこそ、よろしくお願いします。

◆TikTok出稿の理由は、ターゲットとの親和性の高さ

朝戸　まず、「進研ゼミ」といえば、小学生・中学生・高校生向けの添削式の通信教育講座ですよね。私の世代の認知度は、ほぼ１００％に近い印象があるのですが、動

画広告を配信した目的について、あらためて教えてください。

宮木　「進研ゼミ」のようなお子さま向けの学習商材というのは、実際に利用するのはお子さまですが、意思決定するのは保護者の方です。そのため、お子さまと保護者の方、双方にアプローチが必要で、かつ双方に「魅力的なブランド」と感じていただく必要があります。

朝戸　その中で、TikTokを通じて、Z世代のユーザー（お子さま）とコミュニケーションをしようと考えられたんですよね。

宮木　はい。お子さまが見ているメディア、触れているSNSやデジタルプラットフォームは昨今、変化しています。TikTokは新しいプラットフォームではありますが、私たちがターゲットにしている層の利用率が高い点で、非常に親和性が高いと感じました。お子さまと接点を持ちたいと考えるならば、TikTokを無視することはできないでしょう。また実際、中高生にヒアリングしてみたところ、TikTokを利用しているという声が多く聞かれたため、1年半ほど前から広告運用とタイアップの二軸で展開しています。そのサポートをNateeさんにお願いしました。

◆若年層と接点を持つことは非常に重要

朝戸　ベネッセさまのターゲットは、お子さまと親御さまの両世代。お子さまの好感度を上げながら、実際に意思決定をする親御さまの行動をいかに促すかが、重要なポイントだと考えました。なかでも、昔に比べて、お子さまの意思を尊重する家庭が増えていることで、お子さまにアプローチすることで、お子さまから親御さまにアプローチしてもらえる可能性があると感じました。

宮木　そうですね。昔は情報を探すのもなかなか難しく、保護者の方がお子さまの代わりに、塾や習い事を探すということも多かったと思うのですが、いまは違います。スマホネイティブのZ世代のユーザーは、インターネットを駆使して、さまざまな情報を自分で収集し、判断しています。特にSNSやデジタルプラットフォームは情報収集ツールとして活用されており、それらのプラットフォームで接点を持つことは非常に重要だと感じていました。

◆やってみないとわからない

朝戸　TikTok広告で、ユーザーとコミュニケーションをしたいということでしたから、最初にご提案したのは、有名なTikTokクリエイターの方とコラボレーションした動画制作でした。また運用においては、細かくターゲティングし、広告配信をしました。そもそもの部分として、TikTokという新しいプラットフォームで広告を展開することに不安はなかったですか？

宮木　不安がゼロだったわけではありませんが、それ以上に興味がありました。ただ見ているだけでは、「進研ゼミ」とTikTokの相性はわからない。学習サービスである「進研ゼミ」がTikTokで受け入れられるのか。社内で検討し、まずは一度、やってみようということになりました。

◆ユーザー視点のクリエイティブで共感を創出

朝戸　塾と違って、通信教育はお子さまの主体性も重要な要素ですし、お子さまが好きで触っているアプリを通じてのコミュニケーションというのは、お子さまの目線に立った視点だと思いました。

宮木　そうですね。大人目線ではなく、お子さま目線を大切にしたからこそ「TikTok」という選択肢にたどり着けたのだと思います。やはり、顧客視点で物事を考えなければ、マーケティングはうまくいかないですからね。

朝戸　しかもTikTokユーザーは、広告に対しても構えることなく、自然に接触します。運用型の広告も、通常の投稿動画と同じように出てきますから、クリエイター制作の動画の親和性は高い傾向にあります。まずは「進研ゼミ 高校講座」の次世代型学習アプリ「AI StLike（エーアイ・ストライク）」の認知拡大と好意度を高めることを目的に展開しました。

宮木　それが２０２１年の２月ですね。

最初にTikTok広告で訴求し、翌日インストールが急増した次世代型学習アプリ「AI StLike」

朝戸　はい。翌日からアプリのインストールが急増し、すぐに効果が出たのは、私もとてもうれしかったですし、よく覚えています。

宮木　内容もよかったですよね。高校生の中には、「進研ゼミ」を小・中学生の頃に受講した方が多くいますが、課題を提出しきれずにためてしまった経験を持つ方もいます。そこに、自身も「進研ゼミ」で学習していた経験を持つ大学生のTikTokクリエイターの方が同じ目線、同じ立場に立って、メッセージを届けてくれました。結果、「高校講座は進化している」という印象が共感を生み、アプリのダウンロードにつながったのではないでしょうか。

◆クリエイターを尊重し、8万超えの「いいね」獲得

朝戸　プラットフォーム選定もそうですが、顧客視点でクリエイティブを作ったことは非常によかったと感じています。実際、TikTokに興味を持っても、多くの企業の方は、自社でコントロールしたクリエイティブを納品、出稿したいと考えます。しかしそうなると、TikTokの文脈には沿っていないため、メッセージが届かないという結果になりがちです。ユーザーと企業をいかにつなぐかは、TikTok上では非常に重要な要素であり、不可欠と言っても過言ではありません。その中で、ベネッセさまは、クリエイターへのリスペクトをお持ちくださり、クリエイターらしさを尊重してくださったのは、非常に印象的でした。

宮木　顧客視点を大事にしたことが功を奏したのか、「いいね」も8万を超えましたよね。しかもアプリのインストールというゴールに対しても、明確に反応があった

TikTokでは、ユーザー視点のアプローチが有効なのだと認識できましたし、有効活用できると感じられたことも大きな収穫でした。

◆いきなり最終ゴールではなく、中間ゴールを設定

朝戸　最初の施策から「TikTokの有効性／進研ゼミとの親和性」がわかったのは、非常によかったと私も感じました。いきなり「入会申し込み」ではハードルが高いと思い、まずは無料でできるアプリのインストールというゴールにしたこともよかったように思います。TikTokで見て、高校生のユーザーが自分の親に「お金を出してほしい」と言えるかというと、そうでもないかなと。本来のゴールは「申し込み」ですが、中間地点のゴールとして、アプリのインストールやコンテンツ視聴を目標に置いた設計も、非常にマッチした施策だったと思います。

宮木　TikTokのプラットフォームの成熟度も、まだ成長段階だと思いますので、広告がノイズに見えやすい環境だと思いました。このようなプラットフォームは、個人

と個人を結びつけるコミュニケーションのサービスですよね。そこにあるのは、個人間のコミュニケーション。そこに企業の宣伝が出てきても、やはり雑音に映ってしまいます。雑音にならないためには、クリエイターの方の〝らしさ〟を前面に出してもらうことが有効だと考えました。そしてまた、テレビやYouTubeほど、広告量が多いプラットフォームでないことも、広告が悪目立ちする要因になり得ると考えました。テレビやYouTubeでは「広告は出るのが当たり前」です。TikTokは、まだそういうプラットフォームではないと判断したということですね。

◆「人気」と「親和性」の二軸でクリエイターを選定

朝戸　クリエイティブのコントロールが難しい以上、クリエイターさん選びは、企業の方からすると、なかなか悩ましいと思うのですが、いかがでしたか？

宮木　2つの視点で選定させていただきました。ひとつは、TikTokユーザー、特に高校生から人気があるかどうか。もうひとつは、「学習」というキーワードとの親和性です。勉強系クリエイターの方、元教師の方などは「進研ゼミを知ってくださっている」という印象もありましたし、非常に安心感がありました。

朝戸　人気を軸にするか、コンテンツ（学習との親和性）を軸にするかという議論がありましたよね。TikTok ユーザーは、自分の信頼するクリエイターと、コンテンツの説得力、どちらを重視するのか。今回は両方のケースを一度テストしてみたところ、コンテンツの説得力、しっかりベネフィットを訴求した方がアクション率は高まる傾向にありました。TikTok だから「面白ければいい」という発想ではなく、エンタメ性もありながら、訴求したいポイントはしっかり伝える方が効果的というのは、非常にいい結果だと感じました。

宮木　エンタメ性と説得力を、両立させるのが理想形だと思いました。もちろん、目的に応じて、動画の作り方も変わってくるとは思います。認知を拡大したいのなら、人気のある方を起用する方が有効なケースもあるでしょう。サービスの理解促進、何かしらのアクションを促すのであれば、コンテンツに説得力が求められるでしょう。

そのバランスの取り方の見極めも、TikTokで広告を展開するうえでの大切なポイントだと感じています。

◆課題は、興味喚起と購入をいかにつなげるか

朝戸　コンバージョンをどこに置くかは、非常に難しいですよね。

宮木　２０２１年２月にスタートした時点での、TikTokマーケティングにおけるゴールは「入会の申し込み」。それは会社として収益につながるからです。広告費を使う以上、何かしら回収したいという狙いはやはりありますから。しかし、いきなり「入会の申し込み」はハードルが高い。そこで、コンバージョンポイントを無料アプリのダウンロードとして、高校生のやる気を喚起したり、進研ゼミのイメージを変えたりする設計にした取り組みは想定以上にうまくいきました。一方で、ゴールである「入会申し込み」まで狙っていくには、現時点ではまだまだ課題があります。そこをクリアできれば、もっと広告費を投入しても費用対効果が合ってくるのにとさえ感じ

ています。

朝戸　広告に触れたユーザー自身は「いいな」と思っても、お金を出すのは親御さまという2段階の意思決定がありますし、そのハードルもあるのかもしれないですね。

宮木　認知獲得のためにいくら使うことが適切なのかという判断は、企業側からすると悩ましい問題だと思います。もちろん、「申し込み」につながるシナリオを描ければ、まずは認知獲得だけでもよい、という判断もあるでしょう。いま私たちの課題としては、興味喚起と購入（入会の申し込み）をいかにつなげるかです。そのテストを今後していきたいと思っています。

◆興味の深度を深めることで、課題解決を模索

朝戸　広告運用の次は、「進研ゼミ」の TikTok アンバサダーを生み出そうというプロジェクトもその課題解決策の一環ですよね？

宮木　はい。興味の深度が深まれば、お子さまから保護者の方へのプレゼンの熱量も

高まるでしょう。そのためには、さまざまなTikTokクリエイターさんを通じて「進研ゼミ」の魅力を発信し続けることも重要です。ならば、ターゲットである中高生の方々に、「進研ゼミ」の実際の使用感などを発信してもらうことも、興味の深度を深める一助になるのではないかと考えて、アンバサダーという発想が生まれました。

朝戸　TikTokで発信したいけれど、どうしたらいいかわからない中高生の方々をサポートすることは、双方にとってメリットがありますよね。そのお手伝いをNateeもさせてもらえるのは、すごくうれしいことです。

◆長期的にコミュニケーションをとれる可能性

宮木　中高生の方々の「夢」を応援することが、「進研ゼミ」の成長にもつながれば、こんなにうれしいことはないですよね。「進研ゼミ」の会員数のうち、全体の2割から3割は、兄弟や友人の紹介です。近しい人からの紹介（おすすめ）というのは、いまも昔もやはり影響力が強いですよね。一方で、広告色が強いアプローチというのは、その逆で、影響力は薄いわけです。TikTokでターゲットとコミュニケーションするのなら、「進研ゼミ」もまた、TikTokの中に入ったコミュニケーションが必要なのかもしれません。むしろ、腰を据えてマーケティングしていく方がTikTokの特性としても合っているのではないでしょうか。

朝戸　現状も「アプリのインストール」などのゴールの手前部分では効果を発揮しています。その効果を、いかにゴールである「入会」につなげるか。アカウント運用も広告と違って、長期的にコミュニケーションできる点では有効ではないでしょうか。

◆施策を通じて見えた、意外な発見

宮木　今回の施策を通して、クリエイターさん自ら「やりたい」と手を挙げてくださったり、〝進研ゼミファン〟の方がいたりと、さまざまな発見と驚きがありました。

朝戸　そうですね。クリエイターとして社会的影響力を高めたい、成長したいから、やらせてほしいという方もいましたね。その延長で、ベネッセさまの運営するメディアにも出演させていただき、コラボレーションの幅が広がったケースもありました。もうひとつは、クリエイターさんの中で、「進研ゼミ」しか使わずに法政大学に受かったという方がいらして、夢が2つあって、そのひとつが「ベネッセさまと仕事がしたい」だったんですよね。

宮木　「進研ゼミ」の利用者で、かつ上手に使いこなした方が発信してくださるというのは、こちらとしても願ったり叶ったりという気持ちでした。

朝戸　「進研ゼミ」のおかげで大学に行けたから、恩返ししたい。その思いがカタチになったことで、本当に喜んでいらっしゃいました。

◆中学生向けのアプローチも効果を発揮

宮木　ここまで高校生向けの話をしてきましたが、中学生向けのアプローチでも、しっかり効果が出たことも TikTok の可能性を感じた出来事でした。

朝戸　中高生向けの学習管理アプリ「StudyCast（スタキャス）」ですよね。広告配信

TikTok広告で、多数のダウンロードにつながった学習管理アプリ「StudyCast」

を始めたことで、教育系アプリのダウンロードランキングで1位になり、本当にTikTokと教育の相性はいいのだと私も再確認しました。

宮木　ひと学年に、「一度は進研ゼミをやったことがある」という方も多くいらっしゃいます。知らない中高生の方には知ってほしいですし、昔使っていた方には、また使ってほしい。そしていま使っている生徒さんには、彼らからも発信してほしいというのが、私たちの願いでもあります。

◆クリエイターの背景を活かしたコンテンツが生んだ、効果

朝戸　2本目として作成した、元教師でTikTokクリエイターの「静岡の元教師すぎやま」さんの動画は、元教師という立場で、普段からよく相談を受けるという背景を活かしたコンテンツの作りも非常によかったと思いました。その特徴を活かして、自然な形でアプリを紹介することができたことが共感を生み、アプリのダウンロードにつながったのではないかと考えています。

宮木　目標に対しての費用対効果も非常に高かったですし、「誰にやってもらうか」の重要性がよくわかる事例になりました。施策のたびに、TikTokのポテンシャルを感じることが多く、期待したくなるプラットフォームだと思っています。

朝戸　認知拡大においては、コンテンツ次第で「レコメンド」でいくらでも拡散していくので、非常に強いですよね。知ってもらったら次、どうやって距離を縮めていくか。さまざまな戦略が必要ではありますが、成長し続けているプラットフォームですし、チャレンジする価値は十分にある場所だと私自身は感じています。

宮木　そうですね。期待したくなるプラットフォームだと私も思います。現代は、生活者のライフスタイルが大きく変化している時代です。TikTokを新しい広告媒体として見るのではなく、時代の変化とニーズによって生まれた新しいコミュニケーションの場として捉えるのがいいように思います。だからこそ、私たちもTikTokでのチャレンジを継続していきたいと考えています。

◆TikTokは生活者とつながる場であってほしい

朝戸　TikTokというプラットフォーム自体の今後については、どのようにお感じですか？

宮木　YouTubeのように成熟していくと、広告でマネタイズしていく流れが加速する可能性もあると見ています。しかし、広告出稿の場ではなく、あくまで生活者とつながる場であってほしいと、TikTokに関しては思います。そうでないと、TikTokを活用したマーケティングそのものが進化していかないのではないでしょうか。

クリエイターの投稿をきっかけに
アプリDLが大幅に増加

**株式会社
ベネッセコーポレーション
「進研ゼミ高校講座」**

クリエイターのアカウントからサービス便益や
学習アドバイスを投稿。アプリDLが大幅に増加

動画再生数	500万回以上
いいね数	18万いいね以上
LP送客率	平均の2〜3倍
アプリ ダウンロード	通常時と比較し大幅増加 アプリランキングでも上位に

朝戸　プラットフォーマーとユーザー、そして企業によって、プラットフォームは成熟していく。どんな成長をしていくのか、私自身もまったく予想できないですし、非常に楽しみです。

第5章

TikTokアカウントの運用（自社発信）で課題を解決する

事例で学ぶ

第3章でクリエイターを活用した課題解決、第4章ではTikTok広告による課題解決の事例、ご担当者の方のお話をお届けしました。第5章では、「TikTokアカウントの運用（自社発信）」によって〝若年層向けのタッチポイント創出〟という課題の解決を図った株式会社FOOD & LIFE COMPANIES広告宣伝部販促課 松井翔太さんにお話をお聞きします。なお本稿は、コンテンツ制作に携わっていただいた、株式会社One Acre（ワンエーカー）の折茂賢成さんとの鼎談でお届けします。

株式会社FOOD & LIFE
COMPANIES
松井翔太さん

株式会社One Acre
折茂賢成さん

スシロー

×

Natee

千里の道も一歩から。スシローに学ぶ、企業アカウントでバズる方法

朝戸　本日は「TikTokの自社アカウント」を正しく運用して、フォロワーを増やし、顧客とのエンゲージメントを高める方法について、回転すしチェーンの「スシロー」さまのアカウントを例に、いろいろとお話を聞かせてください。

松井　わかりました。よろしくお願いします。

折茂　よろしくお願いします。

◆課題は、Z世代とのコミュニケーション

朝戸　読者の方からすれば、「スシロー」の知名度は高いですし、どんな課題があったのだろうとまずは思われると思いますので、あらためて、御社の抱えていた課題から、聞かせていただけますか？

松井　はい。弊社では、以前からTwitter、Instagram、Facebook、ＬＩＮＥなど、さまざまなＳＮＳメディアを活用しており、特にTwitter、ＬＩＮＥについては、ありがたいことにフォロワー数・友だち数も多く、概ね順調に運用ができておりました。

しかしＺ世代ユーザーとのコミュニケーションについては、「足りていない」という課題を感じていました。

朝戸　たしかに若年層のお客さまだと「回転すし行くなら絶対スシロー」だったり、学生が「今日は学校帰りに回転すし行こう」とは、頻繁にはならないかもしれないですね。

松井　そうなんです。若年層のお客さまに「回転すしといえばスシロー」と思ってい

ただけるかどうかは、弊社の将来を見据えても非常に重要な視点だと考えています。
そこで若年層ユーザーがアクティブに活用しているTikTokでコミュニケーションしてみようと考えました。フォロワー数が少なくてもバズが生まれる可能性を秘めたレコメンドシステム、トレンドの発信拠点であること、SNSやデジタルプラットフォームの中で平均視聴時間が圧倒的に長いことにも大きな可能性を感じました。

◆Z世代に注目した理由は「発信力」

朝戸　Z世代もいつかは大人になりますし、「スシロー」さまのようなオールターゲットで展開しているビジネスモデルですと、決して無視することはできないですよね。

松井　はい。スシローでは子どもたちに新鮮で〝うまいすし〟を、おなかいっぱい食べてもらいたい、そんな思いで「ゴー!ゴー!キッズ プロジェクト」と題して、スタンプカードキャンペーンなどを実施しており、子どもたちに「スシロー」で楽しい体験をしていただき、大人になったときに、子どもの頃によく家族で訪れていた「スシロー」にまた行きたいと思っていただきたいという願いと狙いがそこにはあります。

朝戸　なるほど、若年層のお客さまにも同様にそう思っていただけると良いですよね。

松井　まさにその通りです。「回転すし」はカフェやバーガーショップと比べると、気軽さを創出するのは少し難しいのですが、お客さまと心の距離を近づけることはできるはずだと思っています。

　そして若年層ユーザーに注目したもうひとつの理由は、若年層ユーザーがＳＮＳに対してアクティブであり、一人一人が非常に強い発信力を持っているという点です。デジタルネイティブの彼らは、良いと思ったことはすぐに情報を発信・拡散してくれますから、若年層を起点に新たな顧客層へのアプローチもできる可能性があると感じました。

◆わずか2ヶ月でフォロワー数が5万人を突破

朝戸　TikTokなら、コンテンツ次第で、いくらでもリーチが拡大できるという特徴がありますし、Z世代を中心とした新しいユーザーとの出会いも増やせる。まさに課題解決にうってつけのプラットフォームですよね。

松井　ご相談した当時のフォロワー数は8000人ほどでしたが、2ヶ月ほどの運用で、5万人を突破。過去2年間で獲得したフォロワー数が約3ヶ月で6倍以上に増加するなどメディアとして大きく成長することができたと思います。本当にTikTokはコンテンツ次第で、エンゲージメントを高められるプラットフォームなのだとあらためて実感しました。

朝戸　当時、投稿内容を拝見して、動画制作というカロリーの高さもあったのかもしれませんが、あまり注力できていない印象でした。それはそのまま「伸び代」だと私は思いましたし、いいコンテンツを投入できれば必ずフォロワー数は増えると思いました。そのために、自身もグルメ系クリエイターとして活躍しながらTikTokの動画制作支援をされている折茂さんのお力をお借りしたわけです。

◆公式らしくない発信が生む「共感」

折茂　若年層のユーザーに対して、「スシロー」に愛着心を持ってもらうためには、大きく2つのゴールがあると思いました。ひとつは、TikTok上での再生数。投稿がバズれば、多くのユーザーに「スシロー」を知ってもらえます。もうひとつが動画を通して「スシローを好きになってもらう」ことです。面白いコンテンツを届けて、共感を生むこと。そのためには、あえて〝公式らしくない〟動画を投稿し、意外性からの共感を生むなど、さまざまな角度からアプローチして、結果的にアカウントが成長していくようなコンテンツ設計をしました。

朝戸　公式らしくない、というのは、「中の人がこっそり教えちゃいます」みたいな動画のことですよね？

折茂　はい。「上司に怒られちゃいますけど、今日だけコレ出します！」とか、そういうシリーズです。

朝戸　チェーン店の公式アカウントだから、人間味のない投稿だらけだろうという先入観を逆手に取って、共感を生んでいるのが上手ですよね。

折茂　きっと見たら「中の人、大丈夫？　笑」という気持ちが芽生えますし、形はどうであれ、それも興味のひとつですよね。

◆1投稿目の動画から90万再生を記録

朝戸　かと言って、中の人を思いっきり前に出すとなると、それもちょっと違いますよね。

折茂　中の人がタレントのようになってしまうと、フォロワーは人のファンであって、「スシロー」のファンではないという事態になりかねませんから。

松井　そうですね、そうした細やかな設計のおかげで、TikTokの中で「最近スシロー公式面白い」や「これ、公式だけどスシロー大丈夫？　笑」といううれしいコメントを多くいただけるようになったのは本当にありがたかったですし、ユーザーとの心の距離を少し近づけることができたかな？　と思いました。逆に最近では、真面目な商品動画を投稿すると「ようやく元に戻った！　安心した。笑」といったコメントもあるなど、スシロー公式とTikTokユーザーのつながりが深くなっているのを感じています。

朝戸　松井さまがTikTokにおける「エンタメ性」の重要性を理解してくださっていたのも大きいと思います。だからこそ、フォロワー数が８０００人の時代にスタートして、１投稿目から、動画が90万再生もされたのだと思います。

松井　日常的にTikTokを見続けて、自分なりにトレンドやユーザーのツボを分析していたのがよかったのかもしれないですね。

朝戸　最初から、「これ、公式なの？　笑」といった、想定通りの反響がユーザーからもあり、あのスタートダッシュは、大きな安心感にもつながったと思っています。

◆TikTokユーザーに愛される「素人っぽさ」と「裏技系」

松井　本当にコンテンツ次第で、こんなに再生数が変わるのかと、私も驚きました。

朝戸　この動画は「今日の夜ごはん、何にする？」という手作り感満載のルーレットで夕飯を決めるというものです。制作の背景を折茂さん、お願いします。

折茂　TikTokの攻め方として、「あえて素人っぽいクリエイティブ」を投稿することで共感を生み出すアプローチがあります。これはそのパターンですね。一方で、プロが作った本格動画みたいなものも、バリエーションとして投稿しています。最初はいろいろ試して、ユーザーの反応を見ようと思ったのですが、1投稿目からバズったというのは、計算と偶然の両方かなと思います。

朝戸　TikTok受けのいい動画のパターンって、たしかにありますよね。

折茂　あとは「裏技系」とかでしょうか。「スシロー」では、なぜか「えび天うどん」を注文するよりも、「かけうどん」と「えび天にぎり」を別々で頼んだ方が安くなるんです。この事実を、公式が発信しているところがユーザーからすると、驚きなわけです。

朝戸　ユーザーからすれば、企業アカウントが自社にとって損になることを発信しているわけですから、びっくりしますよね。結果、約２万２０００の「いいね」がついたことを考えると、これもまた計算通りの反響を得られた投稿だったかなと思います。

松井　再生数も４４０万と、その数字にも大いに驚かされました。実はこの情報、スシローファンの間では有名な裏技で、Twitterではすでに出ている情報でした。ですが、やはりバズった最大の理由は「公式が言っちゃった！」という意外性に他ならないと思います。裏技を知らない人からすれば「そうなんだ！」ですし、知っている人からしても「それ公式が言うの！　笑」と、どちらの立場からしても、思わずコメントしたくなるような動画になったことが成功の要因になったと思います。

◆バズるために大切な「ツッコミどころ」

朝戸　TikTokは、ユーザーのアクション数も、さまざまなユーザーにレコメンドされる要因になるといわれていますから、「ツッコミどころ」のある投稿というのは、TikTokとの相性が非常にいい傾向があります。

松井　「ツッコミどころ」という点では、「すし目線」の動画も好きですね。すしから見たときに、わさびがヒリヒリする、お箸がこわいなどユーモアたっぷりなところに思わず、くすりとしてしまいます（笑）。

朝戸　すごくいいですよね。一方で、動画のトンマナ（トーンとマナーの略）を大きく変えたことで、社内外の反応はいかがでしたか？

松井　社外の方からは商談の際によく「最近スシローさんのTikTok面白いですよね」と言っていただく機会が増えました。あるとき、会社の役員が私のところに来て「TikTokなんだけどさ……」と言われたので〝やばい、何かまずいことがあったか〟と思ったのですが「娘に『すし目線見た？　あれめっちゃ面白いよね、学校で友達と見て笑った』と言われた」という報告をしてくださり、安心したのが印象深いです（笑）。

朝戸　悪いことがひとつもなかった、というのは、いい話ですね。

松井　そうですね。当初から動画がバズるなど、取り組みの効果が再生数にも表れたのはうれしかったですね。正しく活用すれば、これだけのポテンシャルがあるプラットフォームだということも再確認できました。さまざまなトライアルもしていただき、Nateeさんには本当に感謝しています。

朝戸　こちらこそ、ありがとうございます。たしか当初は、TikTokのレコメンドシステムをしっかり理解し、プラットフォームの特性を知ったうえで運用していきたいというお話があったからこそ、さまざまなバリエーションの動画を用意した記憶があります。

◆アイデアでバズれるのがTikTok

松井　TikTokの運用を開始した当初は、TikTokナイズされた動画を発信できていない、プロモーション感が強い、短尺で処理できる情報量・共感性・トレンド性の考慮が不足しているなど、あまりTikTokの特性を意識せずに、こちらが伝えたいことを一方的に伝える動画を投稿していました。イメージとしては、Twitterのテキスト告知の動画版のようなものです。なかなか結果が出ず、社内では「スシローにTikTokは合わないのではないか」という話もあり、切羽詰まった状態でご相談させていただいて、「本音の意見が聞きたい。遠慮なく何でも言ってください」とお伝えしたら、しっかり問題点を指摘してくださったことに本当に感謝しております。

　ここが駄目ですが、改善の余地がありますと。その中で、思考が整理された部分もありました。広告費なしで、これだけ動画が拡散できるプラットフォームというのは、他にないと思いますし、これまでのＳＮＳメディアになかった特性も本当に興味深いです。

朝戸　有名人を起用しているわけでもないのにバズるのも、特徴のひとつですよね。

松井　もし最初から、クリエイターの方とのコラボレーションがバズってしまったら、ずっと「次は誰とコラボしようか？」と考え続けることになったと思います。そうではなく、アイデアでバズれたことは、いちばん理想に近い形でユーザーとコミュニケーションできたと感じています。

◆企業アカウントに多い「TikTokの文脈を無視した投稿」

折茂　TikTokアカウントを企業の方が運用するうえで、いちばん多いミスがTikTokの文脈を無視した動画の投稿です。ですが、テレビとは違い、いきなりキャンペーン情報を流してもなかなか見てもらえないのがTikTokです。まず情報を届ける前に、ユーザーとの信頼関係を構築するのが先なわけです。

朝戸　それもTikTokの流儀なのかもしれないですね。

折茂　企業アカウントの第一フェーズは「フォロワーの獲得」。今回の「スシロー」のケースも、ここに該当します。トレンドを意識した動画を投稿したり、意外性のある内容を発信したりして、ユーザーの興味を喚起する時期です。来店促進やキャンペーン情報の発信は、そのあとにするのが正しいアカウントの運用方法だと考えています。

松井　もちろん、すぐに集客・売上につながれば、うれしいのですが、そんな簡単にはいかないことは理解しているつもりです。

朝戸　もしかすると、すでにいまも、無意識に「スシローを選んでいる」というユーザーもいるでしょうし、効果の可視化というのは、難しい部分もありますよね。

松井　現在も、TikTok上で「スシロー」を検索すると、「スシロー」のハッシュタグがついた投稿が3億2240万以上ヒットします。この数字は若年層のユーザーを含めた多くのTikTokユーザーが「スシロー」を話題にしてくださっている証でもありますから、うれしく思っています。

◆ふざけているように見えて、実はちゃんと計算している

朝戸　ワードの組み合わせや、商品名のハッシュタグも含めれば、実際の数字はもっと多いでしょうから、TikTokユーザーは「スシロー」に親しみを持っていると考えてもいいのではないでしょうか。だからこそ、「売りたい」よりも、「信頼関係」を構築することが大切だと私自身も考えていますし、そのための設計が非常に重要なのだと感じています。

折茂　ふざけているように見えて、実はちゃんと計算している例としては、「コーンな裏技」というのもあります。コーンに甘ダレをかけると絶品という裏技を紹介しているのですが、これもユーザーからのコメントに応える形で投稿しており、「公式なのに」というギャップが受けているわけですけど、実はすごいカット数も多いですし、見た目以上の労力をかけて作っています。

朝戸　それを中の人が楽しんで作っているように見えるのもまた、ユーザーからすると好感につながるのでしょうね。

◆TikTokマーケティングの裏側にある、0・1秒へのこだわり

折茂　TikTokはコメント欄でユーザー同士が交流する文化があるので、動画の内容によってコメント欄が盛り上がりやすい傾向にあります。コメント欄が盛り上がりやすい動画は、TikTokのレコメンドシステムでおすすめされやすくなり、自ずとバズりやすくなるということになります。

朝戸　本当に0・1秒にまでこだわって、「ふざけた動画」を作っているというのが、TikTokマーケティングの裏側だったりしますよね。

折茂　はい。適当にやってうまくいくという世界ではないと思います。

松井　私たちはその意味が本当によくわかります（笑）。当初、TikTokというプラットフォームに対して、流行りの音源に合わせてダンスをしたり、エフェクトを使用して自撮りしたりといった、弊社の事業との親和性は低いのではないか、むしろ避けるべきではないかという考えも頭をよぎりました。しかし、TikTokで「スシロー」を検索してみると、多くの投稿がある。ここに私たちのファンがいるのなら、コミュニケーションすべきだと判断しました。TikTokのレコメンドシステムは特徴のひとつですが、だからこそお互いに「出会い」や「発見」があるプラットフォームになっています。チャレンジしてみる価値は、十分にあるという印象があります。また「スシロー」というブランド自体が生活者にとって、親しみやすくて近い距離にある存在でありたいと考えています。私たちのそうしたスタンスと、TikTokがマッチしたというのも大きいと感じています。

◆千里の道も一歩から

朝戸　いまだと「TikTok売れ」なんて言葉もありますし、やればすぐに購買につながるというイメージをお持ちの方もいると思うんですが、それも「千里の道も一歩から」というのが、「スシロー」さまのケースで伝わったのではないでしょうか。引き続き、ぜひ御社のアカウント運用をサポートさせてください。本日はありがとうございました。

第6章

クリエイターに聞く、
TikTok×広告、
成功のポイント

第3章、第4章、第5章と、企業の担当者の方との対談をお届けしました。その中で、「TikTokは他のプラットフォームと比べて効果のコントロールが難しい」という発言を見て、TikTokマーケティングの難しさを感じた方もいるのではないでしょうか。しかしそれはTikTokの媒体属性やユーザー属性に寄り添ったコンテンツの方がユーザーに届くからであり、「難しさ」ではなく、「面白さ」だと、私は思っています。

なぜなら、クリエイターの発想や視点は、いつだって私たちを驚かせてくれるからです。自分のブランドイメージを守りながら、企業のメッセージを届ける手伝いもする。TikTokクリエイターの方々は、本当に素敵な志を持った方が多いと私は感じています。その気持ちを共有することと、そして実際にクリエイターをアサインする際のヒントをお届けするべく、ここからは、3人のクリエイターとの対談をお届けします。

きなこっこさん

最初の対談相手は、29歳のシングルマザーで、リアルなユーザー目線で企業のメッセージを届ける、人気のTikTokクリエイター「きなこっこ」さんです。

Natee × きなこっこ

冒頭1秒2秒が命。いかに自分ゴトにしてもらうかがポイント

朝戸　きなこっこさんには、Nateeから、さまざまな企業広告、特に運用型広告の制作案件をお願いしています。本日は、クリエイター目線で「企業広告のあれこれ」をお聞きできたらと思っています。

きなこっこ　わかりました。まず、企業の方からすると、TikTokは若いユーザーが多い印象だと思うんですよね。でも実は、30代のユーザーも多い。私が発信しているのは、「ママあるある」みたいなものが中心ですけど、支持されているのがその証拠かなと思います。

朝戸　5歳と7歳のお子さんがいて、専業のTikTokクリエイターとして活動しているというのは、企業の方からすると、驚きだと思います。

きなこっこ　そういう人がいるんだって、思いますよね。

◆TikTokは、情報源としても機能している

朝戸　TikTokを本業として生活できるようになると思っていましたか？

きなこっこ　思っていなかったです。そもそものきっかけは、友人の結婚式のために動画を作る必要があったから、TikTokをインストールしたことなんです。当時の私のイメージは、中高生の子たちがダンス動画をアップするプラットフォームということもあって、「私がやっても誰も見ない」とさえ思っていました。

朝戸　でも、興味を持って始めてみたから今日があるわけですよね。いまではTikTokの印象もだいぶ変わりましたか？

きなこっこ　エンタメを楽しむプラットフォームという側面もありますけど、情報源

としての TikTok というのもありますよね。私自身、コスメを探すときに、たとえば「アイシャドウ」で検索して、いろんな人のおすすめを見たりとか、晩御飯のメニューどうしようかなと思ったときに、検索したりします。

◆企業とファンの間で、試行錯誤するクリエイター

朝戸　Z世代は、Instagram で検索すると言いますけど、その流れが TikTok でも起きていますよね。進化し、変化し続けているプラットフォームで、企業のメッセージを届ける企業案件を受けるというのは、どういうお気持ちですか？

きなこつこ　「選んでいただいた」という気持ちがありますし、コラボレーションしてよかったと思ってもらえるように、自分なりに毎回、試行錯誤しています。

朝戸　ひと昔前まで、クリエイターさんのPR投稿やタイアップ案件を見て「クリエイターはバイト感覚のように受けている」と感じていた企業の方もいらっしゃると思うんです。でも違いますよね。皆さんファンをお持ちですし、プロ意識が総じて高い

なと思います。

きなこっこ　いただく金額も決して小さくないですし、自ずと責任感が芽生えるというのはあるかなと思います。でも同時に、ファンを裏切ってもいけないですし、バランスが難しいところではありますね。

朝戸　実際、企業案件の話が来たとき、受ける／受けないの判断というのは、どこで見極めているんですか？　たとえばご一緒したクレジットカードの案件のときを例に教えてもらえますか？

きなこっこ　自分の中で接点があるかどうかは大事にしています。接点がないものを、まるであるように装っても、それは嘘ですし、何を言っても届かないですよね。クレジットカードの案件のときは、私自身がクレジットカードはよく使っていますが、カード選びの基準がなかったという経験もありますし、私目線の紹介ができると思ったので、お受けしました。

朝戸　自分の中で「共感」ポイントがあるかどうかが大切なんですね。

きなこっこ　そうです。共感がないと嘘がファンの方に伝わってしまいます。たとえばテーマパークのＰＲということで、行ってみたはいいけど、つまらなかった。でも「すごい楽しいよ！」とＰＲしてしまっては、私はファンの方から信頼を失ってしまいます。通常投稿の動画でも、企業案件でも、自分の気持ちに「嘘はつかない」というのは、すごく大切にしています。

◆大切にしているのは、自分の中での納得感

朝戸　企業の方も、クリエイターさんの世界観で商品やサービスを紹介してもらうという理解はある一方で、「これだけは伝えてほしい」というリクエストもありますよね？

きなこっこ　そうですね。企業の方が伝えたい商品の魅力を、自分も「いいな」と思えるように、しっかり事前に確かめるようにしています。私の動画を見て、実際に商品を買った方が「騙された」と思うようなことは、絶対に避けたいですし。

朝戸　そもそも自分が好きな商品やサービスの案件相談が来るケースもありますよね？

きなこっこ　それは、すごくうれしいパターンですね。私は地元が愛媛県なので、愛媛県の活性化につながるような案件の際は、条件うんぬん以上に、気持ちで「やらせてください」とお答えしたこともあります。

朝戸　ちなみに、ファンの方はタイアップ案件を受けていること自体は、どう感じているのでしょうか？

きなこっこ　意外とポジティブな反応も多くて、「おめでとう」なんてコメントをもらうこともあります。自分の推しが企業の広告をする＝社会的に認められたように感じてくださっているのだと思います。

　私のファンの方は同じ境遇の方、シングルマザーの方も多いので、「よかったね」とか「広告見たよ」とか、自分のことのように喜んでくださる方もいて、それはすごく励みになります。だからこそ、企業の方の期待に応えつつ、ファンの皆さんにとっても有益な動画にしたいと、強く思います。

◆ファンとの距離感は「友人」に近いTikTok

朝戸　普段からファンの方とは、密なコミュニケーションをしてらっしゃいますよね。

きなこっこ　はい。タイアップ案件の台本を、ライブ配信しながら、それこそファンの皆さんと雑談しながら作ることもあります。もちろん企業名とかは明かさないわけですけど、後日、広告を見たときに「あのときのかも！」と思ってくださったりするみたいです。

朝戸　動画が生まれるところから、物語を共有しているから、広告もポジティブに届くんでしょうね。

きなこっこ　他のプラットフォームでもライブ配信ってあると思うんですけど、TikTokのライブ配信はユーザーとの距離が特に近いなと個人的には感じています。たとえるなら、友人とテレビ電話をしているような、それくらいの距離感で見ている方が多い印象です。もちろん、私自身もコメントくださった方は覚えていますし、「この前もありがとう」みたいなコミュニケーションの積み重ねの結果としての〝近さ〟もあるとは思います。

朝戸　ファンの方と一種のコミュニティを形成しているわけですよね。

きなこっこ　はい。ときには「あの広告の顔、何？（笑）」とかイジられることもありますし、本当に近い存在だと思います。だからタイアップ案件の動画だからと、背伸びすることなく、むしろ手作り感は大切にしています。

◆TikTokは最初の数秒が命

朝戸　いつもの、きなこっこさんらしさを常に保つことも、ブランディングのひとつですよね。それ以外にも意識していることはありますか？

きなこっこ　TikTokは最初の1秒か2秒を見て、見る／見ないの判断をするプラットフォームなので、〝つかみ〟は大事にしています。思わず指が止まるような、たとえば、質問を投げかけるところから始めてみるなどすると、「何だろう？」となりやすいこともあるので。先ほどのクレジットカードの動画は、まさにこのパターンですね。冒頭に「クレジットカード使ってる人に聞きたいんだけど」と投げかけました。

朝戸　TikTokは本当に、始まりの数秒が命ですよね。この案件で、質問を投げかける始まりにした理由は何でしょうか？

きなこっこ　ターゲットがクレジットカードを作れる人だったので、「クレジットカードを使っている人」に呼びかけることを考えました。あとはクレジットカードを使っている人は多いですから、自分ゴトとして捉えやすいと思いました。

朝戸　他にも、こだわっている点はありますか？

きなこっこ　内容自体のわかりやすさも大事にしています。たとえば、「スマホでワンタッチで申し込みできる」という特徴があるなら、言葉だけでなく、実際にスマホを触っているシーンを入れることで、イメージしやすくするなどの工夫はしています。

朝戸　TikTokの動画広告は20秒から30秒くらいが多いと思うのですが、オリエンでは複数の訴求点が提示されることも多いと思います。どういった視点で訴求点を、選んでいますか?

きなこっこ　伝えてほしい「特徴(訴求点)」は複数いただくことが多いので、私が発言しても違和感がないもの、かつユーザーの方が共感できそうなポイントをセレクトしています。私の場合は「アラサー世代」のファンの方が多いので、その世代の方にとっての共感ポイントを意識しています。ただ、短い時間の中で、すべての特徴を紹介することは難しいので、そのバランスは作りながら考えています。

◆運用型広告では、ナチュラルを意識

朝戸　運用型広告の場合は、ファン以外の方が見る機会も多いですから、動画作りの意識も変わりますか?

きなこっこ　そうですね。初めましてのコミュニケーションだと考えると、「ナチュラルな雰囲気」が大事だと思っています。商品説明をしている動画なんですけど、嫌

味がないというか、いい意味で色を消すことも意識します。服装も派手すぎないようにするとか、本当に小さなことなんですけど、同時に、いつもの私を知っている人が見たときにも違和感がない服装にすることを心がけています。

朝戸　タイアップ案件だからといって、ファンの方を無視していいわけではないですもんね。

きなこっこ　要は、キャラクターも動画も作りすぎないということなんですけど、一方で、テンションを変えることはします。

朝戸　それも商材に合わせて、ということですよね？

きなこっこ　はい。以前に、企業案件で、ハイテンションで洋服を紹介する動画を作ったんですが、それは「洋服」の魅力を動画で最大限に伝えるためには、リアクションも大きい方がいいと思ったからです。

朝戸　たしかに「そんな反応する洋服なら、実際に見てみたいな」「もっと詳しく知りたいな」となりますよね。

きなこっこ　私、それを「マンガっぽいアプローチ」だなと思っているんです。マンガのキャラクターって、リアクションが大きいですよね。だからわかりやすい。これもTikTokと相性のいいアプローチのひとつだと感じています。

◆1対1の関係性を上手に使うことも効果的

朝戸　他にも、TikTokと相性のいいアプローチはありますか？

きなこっこ　スマホの画面越しに見ている方がほとんどなので、感覚的に1対1になりやすいので、「画面を見ているあなた」みたいなフレーズは、TikTokとの相性がいいアプローチだと思います。某金融系企業さんのタイアップ案件をやらせていただいたときは、「いつかはチャレンジしたいと思ってる画面の前のあなた！」といった形で、訴えかけるような構成にしました。あとは……。

朝戸　まだあるんですね！

きなこっこ　あります（笑）。あえて小さな声、ひそひそ声で話すことで、「何だろう？」と思ってもらうというアプローチもあります。これも1対1の構図を活かして、私からあなたへの内緒話という感じが効果的なんだと感じます。距離も近くすると、さらに雰囲気を出せると思います。

朝戸　聴覚に訴えかけるアプローチですよね。イヤホンで聴いているユーザーには、特に刺さりそうですね。「ASMR」のような動画も人気ですし。

きなこっこ　こうやってネタばらしをしていくと、キャラも作っているんじゃないかと思われるかもしれませんが、そこは作っていません（笑）。これは、人によると思いますが、私は自分の素のままの方が心の負担も少ないですし、長く続けるうえでは、いいかなと思っています。

◆クリエイターにとってパートナー企業の方は、心強い存在

朝戸　負担軽減という点では、Nateeのようなパートナー企業は、企業さまとクリエイターさんをつないで、通訳として円滑な進行を促す役割だと思っています。クリエ

イターさんからすると、どんな風に映っていますか？

きなこっこ　スケジュール管理はもちろんですけど、作り手の気持ちを汲んで、褒めてくれたり、モチベーションの管理までしてくださったり、心強い存在だと思っています。クリエイターはやっぱり孤独なので、現場に味方がいるというだけでも、気持ち的に助かる部分もあります。

朝戸　そう思ってもらえているのは、うれしいですね。今後とも、よろしくお願いします！

きなこっこ　こちらこそ、よろしくお願いします！

続いての対談相手は、マルチクリエイターの伊吹さんです。伊吹さんは「伊吹とよへ」という同級生同士のコンビで活動していますが、「イブ検証」というドッキリ企画や有名な映画のキャラクターを模した寸劇などで人気を博し、現在各SNSとTikTokの総フォロワー数は220万人超という注目コンビです（TikTok単体で190万人）。

伊吹とよへ
伊吹さん

Natee × 「伊吹とよへ」伊吹

バズ動画は生み出すポイントはあっても、正解はない

◆TikTokは誰でもスターになれるプラットフォーム

朝戸　伊吹さんはTikTokが日本でローンチした直後から活動を続けており、現在はTikTokのフォロワーが１９０万人超と、大人気ですよね。

伊吹　僕らのモットーは、「日常×しょうもない」なんです。それこそユーザーには「本当、バカなことやってんな」と思われていいですし、フレッシュな感じ、ある意味で〝青春感〟みたいなものを大事にしています。

朝戸　テレビではなく、TikTokを活動の場に選んだ伊吹さんから見て、TikTokとい

うのはどんなプラットフォームですか？

伊吹　そうですね。いちばんは「誰でもスターになれるプラットフォーム」というのが魅力で、一般人のユーザーの投稿が１００万再生を超えるなんてことが普通に起きる。しかもそれが自分のフォロワー数に関係なく、１投稿目で起きたりするのは、本当に驚きと可能性に満ちていると思います。

◆バズるより、ファンを獲得することの方が難しい

朝戸　バズを起こすことはできる一方で、計算してバズを継続させたりファンを獲得するのは難しいですよね。

伊吹　はい。クリエイター目線で捉えると、誰でも有名になれるということは、固定ファンを作る難しさがそこにはあります。そのためには、いち動画ではなく、僕らコンビのカラーとか会話感とか、さまざまな要素に魅力を感じてもらうことが必要だと感じています。

朝戸　動画が見られることよりも、ファンの獲得の方がハードルは高いんですね。

伊吹　僕はそう思っています。

朝戸　動画はどれくらいのペースでアップしているんですか？

伊吹　現在は、2日または3日に1回くらいの頻度で投稿しています。尺は1本1分くらいで見やすい構成を意識しています。いちばん多い時期は、1日に3本くらいアップしていたんですが、いまは短尺の動画はTikTok、長尺の動画はYouTubeと、2つのプラットフォームを使い分けている関係で更新頻度が下がっています。とはいえ、YouTubeにもTikTokでアップした動画と同じものを上げることもありますし、完全に切り分けているわけではありません。YouTubeだと、自分たちのファンの方へのメッセージを発信できるので、尺の長さだけでなく、動画の目的に応じて、使い分けをしているところもありますね。

朝戸　TikTokにはTikTokに、YouTubeにはYouTubeに合ったコンテンツがありますし、プラットフォームを上手に使い分けるというのも大事な視点かもしれないですね。

伊吹　はい。

◆PRでも意識するのは、伊吹とよへ「らしさ」

朝戸　今回はTikTokに絞ってお話を聞いていけたらと思います。伊吹とよへは、エンタメ動画がメインコンテンツですから、タイアップも自然とエンタメ関係のものが多いのですか？

伊吹　そうですね。僕らは専門性のあるテーマを扱っているコンビではないので、「エンタメ」というところに着目していただくケースが多いですね。たとえば、テーマパークのＰＲをやらせていただいたこともあります。

朝戸　伊吹とよへの視点でテーマパークを紹介するわけですよね。

伊吹　はい。あとは教育系もあります。「楽しく学べる」点を訴求したいということで、ご相談をいただきました。ベネッセコーポレーションさんの勉強通話アプリ

伊吹とよへが「StudyCast」とコラボした動画の誘導バナー

「Study Cast（スタキャス）」のタイアップでは、「このアプリがあれば、楽しく学べる」ことを訴求しました。

朝戸　コラボ動画でありながら、プチドッキリという体裁は、入りやすいですよね。

伊吹　そのときの話ですが、ベネッセさんがクリエイター思いの企業さんで、僕らの作風を理解し方向性をお任せくださり、非常に有り難かったですね。PRだからと言って、開口一番いきなりアプリ名を言っても、誰も興味を持たないから見てもらえない。でも、「プチドッキリ」とすれば、どんなことをするんだろう？　という興味を持ってもらえると考えました。タイアップにおけるクリエイターの役割は、視聴者に届けることだと思っているので、そのためにベストの方法を毎回検討しています。

◆TikTokでは、意図的な「ゆるさ」も重要

朝戸　TikTokのタイアップ動画では、企業案件であってもゆるさや普段のお二人らしさを大切にしている印象があります。

伊吹　本当にそうです。実はTikTokクリエイターは、企業の方もユーザーの方もハッピーになるように、すごく考えて作っているんですが、そのことがあまり理解されていない気がします。テレビCMみたいに企業の方の代わりにメッセージを言うだけでは届かないプラットフォームの特殊性を踏まえて、ユーザーに寄り添ったものを生み出しているということを、ぜひ多くの企業の方に知ってほしいなと思います。

朝戸　TikTokというプラットフォーム自体が、「偽りのなさ・親近感」が受け入れられやすいイメージがあります。だからといって、「TikTokクリエイターが何も考えず

に動画投稿をしている」「ビジネス理解が薄い」というのは違いますよね。

伊吹　「TikTokクリエイターの中にもビジネス理解があり企業の方に信頼していただける人はいる」と声を大にして言いたいですね。ベネッセさんの動画も、「正解しているけど、字が汚い」というオチというか締めをあえて用意しています。視聴後も「エンタメを見た」という余韻があった方がユーザーにとって気持ちがいいですし、面白い動画に出てきたアプリ、というイメージの方がダウンロードしてみたくなるとも考えました。

朝戸　企業の方からすれば、アプリのＰＲであれば、最後は「あなたもダウンロードしてみてね」と言ってほしいですよね。でも、それをあえてしないことで、効果を最大化しようとしたわけですよね。

伊吹　そのバランス感は言語化しづらい部分でもありますので、最後は企業の方の判断によるとは思います。他にも、「何を伝えるか」も、まずは僕らで考えますけど、企業の方の合意が必要です。どちらが正しいということはないのですが、TikTokナイズされた動画の方がユーザーに受け入れられやすいという大前提だけは理解してもらえると、クリエイターとしては非常にうれしいなと思います。

◆ブランド中心のクリエイティブは、ユーザーに刺さりづらい

朝戸 TikTok は有名・無名を問わず、面白い動画ならバズるということを考えると、無理してクリエイターを起用しないという判断もあると思いますか？

伊吹 ブランドイメージを前面に出したテレビCM的なクリエイティブを展開したい場合には、クリエイターを起用しないという判断があってもいいと思います。とにかく伝えたいメッセージを短い時間の中で詰め込みたいというケースですね。クリエイターに頼むと、エンタメ性を持たせるために、どうしても届けられるメッセージが限られてしまいますし。

朝戸 テレビCM的なブランド中心のクリエイティブを、TikTok 広告で回してみる。その結果を見てからクリエイター起用を考えるというステップもいいですよね。テレ

ビCM的なものとTikTokの相性もわかるでしょうし、効果検証もしやすいように思います。

伊吹　おそらく多くの場合、ブランドコンテンツ中心のクリエイティブは刺さらないと思うんです。そのときに、TikTokにはTikTokの流儀があって、その流儀を知っているクリエイターに動画を作ってもらう方が効果は出るのではないかと感じてもらえる気がします。

◆クリエイターの個性は「バズりやすい型」

朝戸　クリエイターさんごとの個性を活かしたものであることも大事ですよね。

伊吹　クリエイターなら誰もが、自分の型を持っていると思うんですよね。その型というのは、TikTokにおける「バズりやすい型」なので、活用してもらった方がお互いにとっていい結果になるのではないかと思っています。

朝戸　ちなみに、自分の型を壊して臨んだタイアップ案件の経験もありますか？

伊吹　あります。台本通りではあるけれど、なんとか予定調和を壊せないかとあがいたのですが、自分的には手応えはあまりなかったですし、結果もあまりよくありませんでした。TikTokというプラットフォームがまだ新しいプラットフォームなので、TikTokマーケティングを展開する場合には、流儀をわかっている人に関わってもらうことは、すごく大事なのではないかと個人的には考えています。

朝戸　一方で、企業の方からしても、自由にやってもらうことの不安もあると思うんですよね。それをいかに払拭できるかというのもNateeの仕事だと思っています。あくまでTikTokを利用するのは手段であって、目的ではありません。であれば、目的に照らして成果の最大化を考え続ける必要がありますし、それをするのがクライアント・クリエイターの双方に寄り添うパートナーとしての役割だと考えています。

伊吹　動画を作りながら、その場で生まれたものとか、奇跡みたいなものがあります。それはハプニングのようなものかもしれないですが、リアルで共感度の高い要素としてTikTokでは映ります。型にはめない面白さ、可能性の広がりみたいな部分を企業の方には知ってほしいなと思います。

朝戸　クリエイターの個性と、企業の方のコラボレーションを成功させるためには、クリエイターの方の商品またはサービス理解も重要な部分です。Nateeとしては、クリエイターさんの個性も理解しつつ、オリエンテーションの中で、動画制作のヒントを見つけてほしいと思っています。あくまで、クリエイターさんらしく表現してもらうこと、同時に商品やサービスが魅力的に見える、その先に成功があると思っています。

◆よくあるタイアップトラブルと未然に防ぐアイデア

伊吹　広告がスルーされないために、開始２秒の重要性やタイトルの重要性など、クリエイターなら誰もが意識しているルールがあります。タイアップにおいては、ロジカルな部分と感性の部分を掛け合わせているところがありますね。

朝戸　撮影しているときに、セリフを変えた方がいいと思うことだってありますよね？

伊吹　もちろんあります。そうなると、「聞いていたのと違う」となっちゃうと、悲しくなってしまいます。

朝戸　クリエイターさんとしては、よかれと思ってやったことですもんね。そういうボタンのかけ違いが起きないためには、事前に「あくまで想定です」と伝えて、「多少の変更はある」ことをご理解いただくという方法もあると思うんです。もしくは、Nateeのようなパートナーが「変えていい部分、変えてはいけない部分」をしっかり把握して、自由演技が許される部分をクリエイターさんに伝えられるとトラブルが減らせるのではないかと考えています。たとえば、蓋を開けてみたら、商品名を一度も口にしていなかったとなれば、企業の方が驚かれるのは当然だと思うんです。そのために「お互いの目指す成果とそのための必須要素は何か」をヒアリングしておくことが大切だと考えています。

伊吹　そうですね。TikTokの流儀であったり、そういう事前のすり合わせであったりという点においては、理解のあるパートナーの方がいると、非常に助かります。板挟みになって、調整してくださっていることはわかるので、ありがたいなと思っています。

◆これまでの常識は通用しない

朝戸　これまでのプロモーションは、企業がコントロールするのが当たり前でした。TikTokではそうではなく、クリエイターファーストの視点でコンテンツを制作した方が効果も出やすいということがわかっています。まずは、これまでの常識を捨ててもらうところからのスタートなので、戸惑われる企業の方がいるのは当然かなとも思っています。

伊吹　これまでの常識を持ったまま、企業の方が直接TikTokクリエイターを起用しようとすると、そこに共通言語がないわけですから、お互いしんどい思いをすることになるのではないでしょうか。未然にトラブルを防ぐうえでも、TikTokに新規参入する企業の方には、TikTokの理解とクリエイターの理解がある代理店の方に一度相談してみることも選択肢に入れてほしいなと思います。

◆いちばん多い質問は「どうしたらバズるか?」

朝戸　企業の方からいちばん多い質問は「どうしたらバズらせられますか?」なんです。伊吹さんなら、なんと答えますか?

伊吹　すごく難しいですね。クリエイターなら誰もが、これはと思うものがバズらなかった経験もあれば、意外なものがバズった経験もあるものです。正解はないけれど、確度を高めるポイントはある。それくらいしか言えない気がします。

朝戸　ポイントというのは、最初の2秒のつかみなどですか?

伊吹　そうですね。では、どうしたらそのポイントがわかるかといえば、バズっているクリエイターの動画を見てみることですよね。カット割やアングルなど、TikTokの文脈に合わせた動画とは何か、どこがポイントなのかが、ぼんやりとは見えるはずなんですよ。

朝戸　ですが、ポイントだけ見えても動画は作れないですよね？

伊吹　だからといって、動画を投稿しないよりは、投稿した方が得るものはあります。トライ&エラーの積み重ねも大事だと思うので、まずは投稿してみる。そしてその反応を見る。分析して、また次の投稿をしてみる。その積み重ねの先にバズ動画がある気がします。

◆企業PRを支持するクリエイターのファン

朝戸　TikTokユーザーは、広告に対しても「面白ければいい」というポジティブなユーザーが多いのも、特徴だと思うのですが、いかがですか？

伊吹　数年前は正直、ネガティブな反応をするユーザーもいたんですが、最近は減りましたね。それがここ1年くらいで「PR案件を受けるなんてすごい！」と、一緒に喜んでくれるユーザーが増えた印象です。

朝戸　クリエイターとファンの方のコミュニティがちゃんと形成されたことで、自分の推しを応援したいという意識が高まったのかもしれないですね。これもTikTokが以前よりも成熟してきた証と言えそうです。

伊吹　TikTokに参入する新規企業が増えていることもすごくいい流れだと思っています。TikTokには、さまざまなジャンルのクリエイターがいますし、コラボレーションするうえで商品やサービスと親和性の高いクリエイターと出会うこともきっとできると思います。その中でクリエイターは、自分のファンに対しても企業の方に対しても誠実に、できる限りのことを精一杯やっていると思います。

◆まずは、可能性に満ちたTikTokの世界に踏み出すことが大事

朝戸　いきなりクリエイターコラボではなく、まずは自社アカウントを作ってみるのもいいように思います。

伊吹　自分たちで作ってみるのは、すごくいいと思います。TikTokのことも、クリ

エイターのことも理解しやすくなるでしょう。そのなかで、自社流のバズる論を発見できたら、それこそこんないいことはないですよね。

朝戸　最後に。TikTokに参入しようかどうしようか迷っている企業の方へのメッセージをお願いします。

伊吹　TikTokはいま、いちばん勢いがあるプラットフォームです。そう感じるからこそ、参入するかどうかを検討している企業の方も増えているのだと思います。自社アカウントの開設やコラボ動画など、最初の一歩をどう踏み出すかは、目的に応じて変わってくると思いますが、まずは一歩踏み出してみてほしいです。可能性に満ちたTikTokの世界を、ぜひ体験してみてください。

朝戸　ありがとうございます。本日はありがとうございました。

続いての対談相手は、美容系のタイアップ案件を得意とするTikTokクリエイター「ほのぴす」さんです。「美容」はTikTokとの相性がいいジャンルです。ユーザーは新しい情報、コスメとの出会いを求めていますし、企業にとっても、新規開拓がしやすいプラットフォームとなっています。では、どのようにアプローチすることが大切なのでしょうか？

ほのぴすさん

Natee

×

ほのぴす

嘘をついたら、それで終わり

◆美容動画でも、エンタメ性を盛り込む

朝戸　ほのぴすさんは、美容系の動画も、上手にエンタメに落とし込んでいる印象があります。ご自身としても意識されていますか？

ほのぴす　私はショートムービークリエイターとして活動しています。コンテンツ全般として、「エンタメ」は大切にしている要素です。ただ、数年前のTikTokで主流だったダンス動画はあまり得意ではなく、おしゃべり系コンテンツを得意としています。エンタメコンテンツを中心に動画をアップしているので、美容動画でも、エンタ

メ性を盛り込むことは意識しています。

朝戸　ショートムービーに領域を絞っている理由はありますか？

ほのぴす　作りやすさが大きいかなと思います。加えて、自分でも短い方が得意という意識があります。目指しているのは、どの世代の人が見ても面白いと思ってもらえる動画です。ターゲットも絞ってはいなくて、小学生が見ても、大人の方が見ても面白いというのがいいなと思っています。最初は「ん？」って思うけど、ずっと見ていたら好きになる、中毒性のあるコンテンツを多く生み出していきたいです。

朝戸　ほのぴすさんには多くのファンがいます。心がけていることはありますか？

ほのぴす　ファンの皆さんに寄り添った発信は意識しています。TikTokクリエイターとファンの距離は非常に近いので、距離感が生まれないようにしています。芸能人が憧れを大事にしているとすれば、TikTokクリエイターは親しみを大事にしている感じでしょうか。だから極端な話、全身高級ブランドでコーディネートとかは、絶対にしないです。

◆TikTokはエンタメ、Instagramは実用性

朝戸　ほのぴすさんは、TikTok以外のプラットフォームでも発信していると思うんですが、同じショートムービーかつ縦型という点で、Instagramの「リール動画」との使い分けはどうされていますか？

ほのぴす　TikTokは、エンタメニーズが強いので、エンタメ的に面白い動画が受けるプラットフォームです。一方、Instagramは、エンタメが前面に出るよりも情報としての価値が前に出た方が、拡散しやすい印象があるので、動画を作るにしてもアプローチは変えています。

朝戸　Instagramには、ショッピング機能もありますし、「購買」アクションにつながるような情報を出していくことは多いかもしれないですよね。エンタメよりも、もっと実用的な機能の紹介ですとか。

ほのぴす　そうですね。情報を主にした動画というのは、あくまで私の場合ですけど、視聴数が伸びづらい傾向にあります。何が足りないかといえば、エンタメ要素が足り

ないということになるのかなと感じます。かと言って、エンタメだけだと、情報がないから、フォローするほどでもないと思われてしまいますし、本当にバランスが難しいなと思います。

朝戸　TikTokユーザーは、漠然と「エンタメを見に来た」みたいな気持ちで訪れている方も多いでしょうから、余計にそうなのかもしれないですね。Instagramのユーザーは、自分のタイムラインを見ようと思っているわけで、またちょっと違いますよね。

ほのぴす　情報収集の側面が強いのかなと思いますね。

◆タイアップ感はなるべく出さない

朝戸　さて、そんなほのぴすさんと私たちがご一緒させていただいたタイアップ案件がありますよね。

ほのぴす　ドン・キホーテを訪れて、コスメを紹介する動画ですよね。

朝戸　ドン・キホーテがロケ地というのは、先方の提案でしたよね？

ほのぴす　いくつか候補がある中から、選ばせていただきました。ただ、私が急にドン・キホーテの店員さんになっていたら違和感がありますし、自然な設定として、細かく説明はせずに、ドン・キホーテでおすすめのコスメを紹介しているという内容にしました。店頭説明にすると、どうアレンジしても、やっぱりタイアップ感が出ちゃうんですよね。それを払拭することは大事にしました。

朝戸　つかみとして「どうしてドンキ？」みたいに見えるような構成にしている、ということですよね。

ほのぴす　はい、広告要素をエンタメ要素に変換できたのは、よかったポイントのひとつだと思います。あとはカット数を多くして、テンポよく展開させることで、飽きさせないことも意識しました。

◆ただの説明ではなく、エンタメにする

朝戸　タイアップ案件では、企業側から伝えてほしい訴求点の共有が事前にありますよね？　ですが、すべてを反映することは難しいと思います。そのバランスはどのように判断されていますか？

ほのぴす　すべての要素を伝えようとすると、〝ただの説明〟になってしまうので、うまくエンタメ性を持たせながら、盛り込める要素は盛り込みつつ、長くなりすぎないように注意しながら作っていく、という感じです。私の感覚ですが、エンタメ性のある広告の動画でも、1分が限度だと思っています。TikTokユーザーは、通常のコンテンツも広告コンテンツも同じように見ていますが、「広告を見たい」と思っているわけではないでしょうから、ノイズにならないような配慮は必要だと考えています。

朝戸　クリエイターとして、企業の思いとTikTokユーザーの思い、両方を理解しながら、どうすれば双方をつなげるかを考えて、コンテンツとして落とし込んでいるんですね。

ほのぴす　そうですね。以前に困ってしまったのは、すべて先方の指定で動画を作成するというのがあって、自分らしさを出せる余白がどこにもなくて、そのときはどうしたらいいんだろうと思いました。

朝戸　いわゆるブランド主導の作り方ですよね。でも、TikTokでそのやり方は成功しづらいと言われていますよね。

ほのぴす　はい。ユーザーも「広告だし飛ばそう」となってしまいますし、クリエイターとしても、自分の色を出せる余白がないと、苦しくなっちゃいますね。きっかけはタイアップかもしれないけれど、あくまで私の視点で紹介している、というのがTikTokにおける成功のポイントだと思っていますし。

◆クリエイターファーストが、クライアントファーストにつながる

朝戸　コントロールではないですけど、方向性を示す参考動画を事前共有されるケースもありますよね？

ほのぴす　参考動画自体はありがたい一方で、違うTikTokクリエイターの動画だっ

たりすると、「どうして私なんだろう？」と思うこともあります。背景を伝えてもらいつつ「私は私ですから、同じようにはならないですよ」とお伝えすることもあります。

朝戸　企業の方からすると、あくまで「イメージの共有」であって、よかれと思ってやっていらっしゃると思うんです。でも、行き違いが起きると、動画制作のモチベーションも下がりますし、双方にとってマイナスになってしまいますよね。

ほのぴす　その中でNateeさんみたいなパートナー企業の方がいると、交通整理してくれますし、私のことをわかったうえで、企業の方とつないでくださるので、そういった嫌な思いをしなくて済むのはすごく助かります。

朝戸　訴求したいポイントも、企業の方からすれば複数あるのは当たり前ですし、その中で絞っていくことも必要になります。TikTokマーケティングにおいては、クライアントファーストであることと、クリエイターファーストであることを両立させることが最重要なんですよね。TikTokにはTikTokの流儀というか成功のポイントがあって、そのツボを押さえてユーザーにアプローチするためのサポートをNateeはしています。クリエイターさんのことも企業の方のことも理解して、いいクリエイティブを制作できたらと思っていますので、ほのぴすさんのお言葉はうれしい限りです。

ほのぴす　実際、私の目線ですけど、この広告、微妙だなと思うものもたくさんあります。商品の認知拡大が目的だから、商品名を言えばＯＫみたいな感覚のものを見ると、「TikTokはそうじゃないのにな」って思います。

◆TikTokクリエイターも今後、ホンモノだけが生き残る

朝戸　かと言って、クリエイターさんの個性が前に出すぎて、商品の印象が薄くなってしまうのでは問題ですし、そのバランス感覚がTikTokマーケティングにおけるポイントとも言えますよね。

ほのぴす　お金をもらう以上、情報を届ける責任も感じています。TikTok広告に起用してもらって、結果がどうだったかで、次があるかどうかも決まるわけで、適当に

動画を作って出せばいいと思っているクリエイターは少ないと思いますし、いずれ淘汰されると思います。影響力のある本物のクリエイターだけが生き残っていくんじゃないでしょうか。

朝戸　生き残るためにどうしたらいいと思いますか？

ほのぴす　よかったところよりも、駄目だったところのフィードバックが欲しいなと思います。そうすれば、自分の成長にもつながりますし。あとは具体的にどれくらい商品が動いたとか、反響とか、そういった私を起用した効果みたいなところも、本当は知りたいです。

朝戸　タイアップとひと口に言っても、目的もそれぞれですし、特にゴールが購買だと、TikTokで見て、そのあと別のサイトで再接触して購入しているかもしれないですし、本当の意味での効果を可視化する難しさも同時にあると思います。これはTikTokというより、デジタルマーケティング全体の課題ですが。

◆TikTokマーケティングに、絶対はない

ほのぴす　Nateeさんとしては、TikTokマーケティング成功の秘訣みたいなものをどう捉えているんですか？

朝戸　クライアントの事業成長をゴールと捉えていますが、成功のポイントは「ショートムービーが視聴されるポイントを押さえること」「クリエイターさんらしさを最大限引き出すこと」「移り変わりの早いトレンドに対するキャッチアップ」だと思っています。このように口で言うのは簡単ですが、クリエイターさんと企業の方の意思疎通がうまくいっても、時代やトレンドなど、複合的な要素が合致しないと、駄目な場合もありますし、本当に難しいですね。TikTokの文脈を守ったコンテンツの方がいいという大前提はあるものの、ユーザーフレンドリーなだけでは駄目ですし、そこはNateeも含め、継続的に検証と改善を続けることが大切だと思います。

ほのぴす　そうなんですね。やっぱり、自分が出ている動画を見て、商品を購入してもらうところまで目指したいとは思うんです。コンテンツで心を動かすというのは、

本当に難しいなと思います。

朝戸　視聴者やファンへの配慮を持たず、一方通行でよいと割り切った発信もできないですし、なかなか悩ましいですよね。

ほのぴす　TikTokのユーザーは「面白いコンテンツ」を求めているのであって、つまらないコンテンツは求められていない。だから退屈な広告は成立しない世界がそこにはあるなと感じています。その理解はクリエイターは持っているけれど、企業の方はこれから深めていく必要があるかと感じます。

朝戸　ブランドイメージを守るために、クリエイティブをコントロールしていくことももちろん必要だと思います。一方で、この本の中で紹介している、ロレアル パリさまのようにすべてを理解したうえで、チャレンジしているブランドもございます。そういった企業さまが増えていけばいいなと個人的には思っています。

◆タイアップ案件は、月に5本まで。似たような商材は連続で受けない

ほのぴす　そうですね。あとはタイアップ投稿ばかりになってしまってはよくないですし、投稿のバランスをクリエイターの方々は考えていると思います。

朝戸　具体的にどれくらいのペースと決めているんですか？

ほのぴす　月５案件をマックスにして、ＰＲ投稿は隔週になるようなペースを心がけています。でないと、ＰＲ投稿ばかりになってしまう可能性がありますし。私自身は、ＰＲ投稿が続くこと自体、避けるようにしています。それと、自分の中で「投稿日」を決めているので、そこに向けて調整しています。

朝戸　他にもマイルールのようなものはありますか？

ほのぴす　似たような商材を、短期間でいくつもＰＲするようなことは避けています。たとえば、アイシャドウのＰＲ投稿が連続したら、ユーザーにとっても企業の方にとっても失礼だと思うからです。１ヶ月くらいは間隔を空けたいと個人的には考えています。

朝戸　ほのぴすさんは、今回、この本の中で対談しているロレアル パリさまのタイアップ案件も経験されていますよね？

ほのぴす　はい。髪がサラサラになるというトリートメントですよね。視覚的に使用感を訴求できたので、動画自体は作りやすかったですね。クリームではなく、ウォータートリートメントという特徴を前面に出しつつ、私らしくボケも入れてみたり（笑）。楽しく便利な商品情報に触れられる動画になったかなと個人的には思っています。

朝戸　そういえば、「ボケは入れますよ」と事前にお伝えしていましたよね（笑）。

ほのぴす　はい。放置時間も不要ですし、本当に商品が素晴らしいものだったので、あえてボケを入れることで、リアリティが増すようにも思いました。でないと、褒めっぱなし、「これもすごい！」「あれもすごい！」の連呼になってしまって、嘘っぽく見えてしまう気がしました。

朝戸　本当にそう思っているのに「言わされている」と思われてしまう、ということですよね？

ほのぴす　そうです。結果、認知拡大というより「欲しい！」と思ってもらえるような、購買意欲を高めるような動画になったと感じています。

朝戸　ビフォーアフターが動画の中で表現されていると、やはりわかりやすいですよね。

ほのぴす　「イメージです」という形で、若干でも誇張したビフォーアフターを作るケースもあると思うんですが、TikTok でそれをやってしまうと、ユーザーの信頼を損なってしまうため、その点は注意しています。

◆嘘のない投稿を心がける

朝戸　もし、誇張したビフォーアフターを入れてほしいと言われた場合はどうしているんですか？

ほのぴす　断ります。嘘をつくリスクが大きすぎると思います。それは自分にとっても、企業の方にとってもです。自分のイメージも、企業のイメージも悪くなってしまっては、本末転倒だと思いますし。とはいえ、ビフォーアフターの表現が難しいなら、アフターだけにするなど、別の提案をするケースもあります。

朝戸　広告だから嘘をついていい、というわけではないですし、どのプラットフォームもそうですが、クリエイターとファンの間には信頼関係があって、それは通常投稿でもＰＲ投稿でもお互い守られているという共通認識がありますよね。

ほのぴす　はい。嘘をついたら、それで終わりです。だから自分がいいなと思ったポイントだけをＰＲするなど、嘘のない投稿を心がけています。

朝戸　そのためには商品理解の時間も必要ですよね？

ほのぴす　商品に触れる時間は欲しいですね。ただ実際は、その時間がほとんどない案件もあります。商品が届いて、急いで試して、動画に落とし込むみたいなことをすると、どうしても心が追いついていない感覚があります。

朝戸　動画作成の前のオリエン段階で、できれば商品に触れておけるとベストですよね。

ほのぴす　そうですね。企画のブレストにも参加させていただくケースもあるんですが、商品理解ができていない状態だと、どうしても、ふわっとしたことしか言えないですし、申し訳ない気持ちになりますね。

◆カテゴリーと特徴の把握から始まる動画制作

朝戸　さまざまな制約がある中で、ほのぴすさんは、どうやって動画を作成されているんですか？

ほのぴす　まず、商材のカテゴリーを確認します。次に特徴を確認します。たとえばカテゴリーはヘアカラー、特徴は自然な仕上がり、垢抜けた印象になる。そうやって要点を整理したら、他のTikTokクリエイターの方の動画、特にバズっているものを見て、「何がよかったのか」「なぜバズったのか」を自分なりに分析します。その要素を意識しながら、自分なりにアレンジして動画を作成していきます。

朝戸　成果にこだわって、ロジカルに構築していくんですね。

ほのぴす　はい。期待に応えたいという思いもありますし、プロとしてお金をもらっている以上、責任があると思っています。そういう意識でない方ももちろんいると思うんですけど、そうなると、企業の方もクリエイターの方もタイアップ案件に対してネガティブな気持ちになってしまいますよね。自分なりに試行錯誤して、TikTok マーケティングが広がっていく一助になれたらいいなと考えています。

◆なぜ選ばれたのかがわかると、アウトプットも考えやすい

朝戸　TikTok マーケティングの活性化のためには、多くのクリエイターさんがタイアップに参加してもらうことも大切な要素だと私自身は思っています。Natee では、初めてのタイアップの際も、しっかりレクチャーして、企業の方もクリエイターの方も不安にならないように伴走するようにしています。

ほのぴす　やってみないと普段の投稿との違いや、自分との相性もわからないですよね。

朝戸　はい。トライしてみていただいて、Nateeとしても、ご本人としても、タイアップに対して今後も継続できるか否かを総合的に判断しています。

ほのぴす　そのときに、できれば「なぜ自分が選ばれたのか」という説明があると、動画も作りやすいと思います。私自身、毎回「何を求められているのか」を考えますし、クリエイターの方は皆さん、そこは気にしていると思います。

◆大切なのは、共通認識を持つこと

朝戸　私たち代理店も含め、タイアップ案件は、企業の方、クリエイターさん、関わるすべての方が共通認識を持つことが大事だと思っています。TikTokの文脈やバズるためのルール、効果を最大化するために必要なクリエイターさんへの配慮とは何かなど、そうした理解が根底にあるかどうかで、結果にまで影響を及ぼしますよね。

ほのぴす　企業の方の理解が深いと、「がんばろう！」と素直に思えますし、期待に応えるための準備にも自然と熱が入ります。

朝戸　気持ちよく仕事をできる環境を整えることで、結果にもつながるのであれば、そこはNateeのような代理店がしっかり交通整理することが重要なのだと、あらためて再認識しました。本日はありがとうございました。

おわりに

TikTokの可能性について、最後まで読んでいただきありがとうございました。ショートムービーが持つポテンシャルと活用イメージについて、少しでもイメージを膨らませてもらえたら嬉しいです。

ＳＮＳやデジタルプラットフォームの発展以降、１年単位で私たちのライフスタイルは変わってきました。

YouTubeやコネクテッドＴＶの視聴が当たり前になり、ショートムービーが生活スタイルを変え……。マーケター泣かせとも言えるほど目まぐるしい変化が起こっています。

そんな中、私が本書を通じて伝えたいことは「ショートムービー is Now, TikTok is Now」の一言です。

数分の動画一本で個人・企業・社会を変化させる時代がやってきました。

私がTikTokに感動したのは、ショートムービーが世の中を動かした事例の数々を目撃したときでした。

・クリエイターの生活が瞬く間に変わる。
・学校や会社でTikTok発のポーズやコンテンツが流行る。
・飲食店のBGMがTikTok発の曲で埋め尽くされる。
・ドラッグストアから商品が瞬く間になくなる。

こういった変化を目の当たりにするたびに、TikTokが持つ「新しい出会いを生み出す力」に感動するほかありませんでした。この本を読んでくださった方々におかれましても、「個人・企業の知られていなかった側面が知られ広まる」面白さをぜひご覧いただけたらと思っています。

そして、ショートムービーが起こす社会変化はまだ始まったばかりです。グローバルを見渡すと、ECとの連携により購買まで一気通貫した機能が増えていますし、ショートムービークリエイターへの報酬還元も充実していくと予測されます。企業・個人の双方にとってショートムービーの活用が当たり前になる日はもう目前なのです。

この本を手に取ってくださった方に一言ずつ伝えさせてください。

TikTokに興味のある個人の皆さま、ぜひアプリをインストールしてみてください。そして、よろしければ動画を投稿してみてください。アプリ内に起こっている熱狂やコミュニティを目の当たりにできると思います。動画投稿も最初は再生数が出ず悩む時期もあると思いますが、初めて数万再生の動画を出せたときの興奮は格別なものがあります。自分の発信したい個性・主張を模索し、参考となるアカウントを探し、投稿量を担保しながら進めることで楽しい動画ライフを送ってもらえたら嬉しいです。

企業関係者の皆さま、TikTokを活用して、生活者に寄り添い自社商品の個性を発信してみませんか？　生活者目線での情報発信が求められる今、企業・プロダクト・ブランドの発信についても日々頭を悩ませている折かと思います。

企業の個性を活かす場としてTikTokが全てだとは思いませんが、TikTokは瞬く間に状況を変え新しい出会いを創出できる場だと考えています。「若者が刹那的に楽しんでいるだけの場」と思わず、今とこれからのポテンシャルに注目いただけたら嬉しいです。

TikTokを中心に活動するクリエイターの皆さま、いつもありがとうございます。私は皆さんの才能が開花し広がっていく姿を見るたびに、本当に嬉しい気持ちになります。プラットフォームの進出初期から発信を楽しみ、社会的な地位を高めようと努力する皆さまに私も沢山の刺激と力をいただいています。TikTok・ショートムービーの成長はこれからですので、皆さまと一緒にファンの方や世の中に喜ばれる挑戦を進めていきましょう。

この本を手にとっていただいた方が TikTok を視聴し、新しい挑戦のきっかけが生まれたらこれ以上嬉しいことはありません。

結びに、執筆にあたりご協力をいただいた皆さまへの感謝を伝えさせてください。幻冬舎の鈴木さま・杉浦さま、執筆を手伝っていただいた赤坂さま、上梓のきっかけをくださった早坂さん、本当にありがとうございました。

また、いつも一緒に働いてくれているクリエイターの皆さま、クライアントの皆さま、応援団の皆さま、並びに Natee のみんなに心から感謝申し上げます。今の Natee

も私も本書も、全ては皆さまあってのものです。これからもよろしくお願いいたします。

◆参考文献

TikTokショート動画革命
日経エンタテインメント！編　日経BP刊

TikTok最強のSNSは中国から生まれる
黄未来著　ダイヤモンド社

〈著者プロフィール〉

朝戸太將（あさと・だいすけ）

株式会社Natee取締役COO。1993年に鹿児島の離島で生まれ、茨城の片田舎で育つ。2016年に東京大学を卒業後、株式会社リクルートキャリアを経て2019年よりNateeに創業メンバーとしてジョイン。創業期よりショートムービー事業の統括を務め、広告主の認知や購買促進など多様なニーズに対してTikTokを軸としたソリューションを提供し続けてきた。2020年末には「TikTok for Business Award」でブロンズ賞を受賞するなど、Nateeの成長を牽引している。3度の飯と同じくらい漫画が好き。

スマホからヒットを生み出す
TikTok活用大全

2023年2月10日　第1刷発行

著　者　朝戸太將
発行人　見城 徹
編集人　福島広司
編集者　杉浦雄大 鈴木恵美

GENTOSHA

発行所　株式会社 幻冬舎
〒151-0051　東京都渋谷区千駄ヶ谷4-9-7
電話　03(5411)6211(編集)
03(5411)6222(営業)
公式HP：https://www.gentosha.co.jp/
印刷・製本所　株式会社 光邦

検印廃止

ISBN978-4-344-03981-0　C0034

この本に関するご意見・ご感想は、
下記アンケートフォームからお寄せください。
https://www.gentosha.co.jp/e/